宽恕的力量

[澳] 贾尼斯·博蒙特 著

王巍 译

FORGIVENESS

北方联合出版传媒(集团)股份有限公司
万卷出版公司
2015·沈阳

著作权合同登记号：06—2014第150号

图书在版编目（CIP）数据

宽恕的力量 / (澳) 博蒙特著 ; 王巍译. -- 沈阳 : 万卷出版公司, 2015.1

书名原文: The power of forgiveness

ISBN 978-7-5470-3380-7

Ⅰ. ①宽… Ⅱ. ①博… ②王… Ⅲ. ①人生哲学－通俗读物 Ⅳ. ①B821-49

中国版本图书馆CIP数据核字(2014)第239315号

出版发行：北方联合出版传媒（集团）股份有限公司
万卷出版公司
（地址：沈阳市和平区十一纬路29号 邮编：110003）
印 刷 者：北京季蜂印刷有限公司
经 销 者：全国新华书店
幅面尺寸：145mm × 210mm
字　　数：100千字
印　　张：5.25
出版时间：2015年1月第1版
印刷时间：2015年1月第1次印刷
责任编辑：胡　利
封面设计：弘果文化传媒
版式设计：鄂姿羽
ISBN 978-7-5470-3380-7
定　　价：25.00元

联系电话：024-23284090
邮购热线：024-23284050
传　　真：024-23284521
E-mail：wanrongbook@163.com
网　　址：http: //www.chinavpc.com

目　录
CONTENTS

第一章
冷静面对任何冲突

第二章
奇迹发生

第三章
研究表明，宽恕有利你我他

第四章
宽恕自己

第一章

冷静面对任何冲突

第一节 冷静面对任何冲突

尽管我无法确定，但我想憎恨这种情感有些类似于海洛因，它能让你在短时间内飘飘欲仙，然后由内而外地将你整个吞噬掉。最终，你发挥全部潜能、实现伟大抱负的机会，有可能就被憎恨瓦解得支离破碎。可笑的是，在事情发生之后，当你还在憎恨和鄙视某个人——滔滔不绝地讲那个女孩儿或者那个将你变成学校电影《火爆浪子》（Grease）中的主角的家伙时，其实，你只是在不断地伤害你自己，而那个扮演桑迪（Sandy）的混蛋或者和丹尼（Danny）一样脾气火暴的卑鄙小人很可能正在尽情地享受生活呢！

学着去宽容一个人是有诀窍的。那么，让我们从这本书出发，一起学着去祝福那个朋友吧——那个在多年以前让你咬牙切齿的朋友。

宽恕一个人绝非易事，除非你能像我一样放下过去的仇恨，一切便雨过天晴了。当年，我有一个很好的导师阿曼达（Amanda），在“如何消除憎恨”这个问题上给予了我很大的帮助。她曾经告诉过我：“如果你的心里长久地装满了仇恨，那么总有一天仇恨会不可遏制地强烈爆发出来。”意思是说你复仇的机会最终到来，而且过程会极为刺激——即使已经时隔多年。“耐心是因果循环——报应不爽的关键。”阿曼达解释道，而且她不主张你放下自己的事情而去缓解仇恨。你不应该专门去等待那个绝好的机会到来，再将新仇旧恨一笔结清，绝不！

于是，我的思想开始转变，上升到了一个更高的——具有灵魂高度的层面，我的口号变成：彼此扯平，然后再宽恕。现在我的状态很好，面对出轨的男友，我会先悄悄地溜进他的公寓，拿起剪刀乱剪一气，剪掉他新买的雨果博斯牌（Hugo Boss）夹克的袖子，然后再去坦然面对他歹毒的谩骂，这样我就可以轻易地宽恕他对我的背叛了。

我的口号变成：彼此扯平，然后再宽恕。

我从来没将这件事情告诉过任何人，我曾经与一个男孩儿交往过几个月，最终他那种认为女人是仅比芭比娃娃略强的弱势群体的看法惹恼了我。我们分手以后，我曾祈祷他的下一位女朋友最好是痛快地将他甩了，就像他当初甩我一样，这就是对他最好的报应。然而，当这一切的确发生了之后，听到这个消息的刹那间我确实兴奋得红光满面，但随后就仅剩下了一片空虚。好在有上帝作证，我没有像好莱坞电影中所讲的那样，立刻去雇用一名专业打手来打碎那些误解过我的情人和老板的膝盖骨。那种可能导致结果事与愿违的行为不在我的考虑之中，我更像是一个消极进取的复仇公主。

我的一个老同学曾经告诉我说：男孩子不像女孩子那样容易耿耿于怀，这是他们最大的优势之一。她的话深深触动了我的心灵，这让我首次意识到正是宽恕与放下才能帮助我们重获自由。男孩子们吵架后很快就能不计前嫌，甚至忘掉一切，随后很快又能一起开心地玩耍；而那些吵过架的女孩子们可能会一意孤行地想要报仇。因此，想想看，男孩子们和女孩子们，谁更聪明呢？

第二节 刻薄女王

当我在伦敦一家报社工作时，我和一个“舰队街”（英国媒体的代名词，被称为“英国报纸的老家”）的记者住在一起。我们两人的恋爱关系时冷时热，我是个刻薄女王，对他的态度经常很糟糕，因为我知道他很爱我。那时我本来可以对他更好一点，只是我现在才意识到这一点。当他在机场用一种优雅委婉的方式跟我说“再见”，当他最后一次拥抱我的时候，我遗憾地承认我就是一枝带刺的玫瑰，经常伤害到他。他却回答道：“一切都很值得，如果有机会，我愿意再来一次。”

他确实没有生我的气，也不会对过去那些事耿耿于怀，我觉得他的风度和大方确实令我心折。我坐在飞往纽约的航班上，发誓要摆脱对那些曾经伤害过我的人的怨恨之情。最诡异的事情是：当我往窗外眺望时，看着伦敦机场的轮廓渐渐模糊远去，我的确想起了我一直以来都认为永远无法宽恕的几个人，而现在我竟然记不起他们究竟对我做了什么事而令我如此憎恨。我所知道的是，一切只是一场误会，但我却毫无理由地花费了大量的精力去一直憎恨他们，却一无所获。

当乘务人员递给我第二杯杜松子酒时，我告诉自己要试着变得聪明，我为此兴奋。如果我始终学不会从失望和悲伤中迅速振作起来的话，我仿佛能看到自己在四十岁时就会变成一个奄奄一息的老怨妇。

有趣的是，在第二个周末，我就遇到了一场考验。我和一对夫妇一起住在康涅狄格（Connecticut），另一个老朋友也从旧金山赶了过来，于是我们四个人期待着能度过一段快乐的时光，然后一切从头开始。然而，没想到事情突然变得非常糟糕。

一切都缘于一段愚蠢的对话。我们想讨论一些关于高端时尚衣服店的售货员的逸闻趣事（类似于朱莉娅·罗伯茨（Julia Roberts）在《风月俏佳人》中的工作经历），而且都希望自己的故事比别人的更加有趣。我们的主人，麦克（Mike）和辛迪（Cindy）分享了他们的一些趣闻，然后轮到我了。“你们都记得以前和我约会过的丹（Dan）吧？他跟我讲过有一次去罗迪欧大道（Rodeo Drive）上的古奇专卖店（Gucci store）的事。在那里，他遇到了一个非常傲慢的售货员，当他在看皮革腰带的时候，售货员不屑一顾的表情惹恼了他，于是丹回击道，‘听着，伙计！不要用这种眼神看我，你或许也每天挤公车去上班呢！’”

突然，我想起了一些事情，并将头转向了辛迪。

“顺便说一句，在我离开伦敦之前还收到过丹的来信，他一切安好并请我转达对大家的问候。另外，他还让我告诉你，在周末，他还是会带女孩子去洛杉矶，不过现在他会先与她喜结连理的。”

我发誓，当我第一次读到丹的来信时，我的确没有发现信息里深埋的隐情，直到那一刻——看到了辛迪勃然色变的脸。就在那一刻，我突然意识到当我和丹约会的时候，我的好朋友辛迪一定曾和我的男朋友偷偷地去洛杉矶过了周末。

辛迪尖叫着冲进了洗手间，我追了上去。在剧烈的号啕中，她冲我怒吼道：“多谢你毁了我的婚姻！”这一幕证实了我的猜想。尽管她曾经拼命地否认，但是麦克一直都怀疑她和丹有外遇，现在这一切都被我漫不经心的一句话给证实了。

我为自己在美丽的康涅狄格所引起的破坏深感难过。不仅如此，我也由于发现辛迪和丹曾经一起背叛过我而备受打击。那时，我曾如此信任她，向她吐露我和丹交往的一切，然而她竟然偷偷地背着我和丹一起逍遥自在地过周末，这对我来说，无疑是一个极为致命的背叛。

那天的晚上格外冷清。不过在第二天清晨，碰巧我和辛迪都起得很早，我们在厨房最终达成了和解，辛迪发誓说在她和丹一起度过的那个糟糕无比的周末中，他们并没有发生性关系。是的，这样我感觉好了很多。

如果我始终学不会从失望和悲伤中迅速振作起来的话，我仿佛能看到自己在四十岁时就会变成一个奄奄一息的老怨妇。

当我发现他们有不正当的关系之后，我想我从心理上就已经准备好去宽恕这一切。可是冷静之后，我还是感觉到被伤害了，而且我依旧感到愤怒。被欺骗是我最讨厌的事情，我花了几年的时间去努力，试图放弃惩罚辛迪和丹的想法。但可悲的是，从某种程度上讲，我不过是在浪费时间，无论如何道歉与彼此谅解，我们三个再也不会像从前那样要好了。

第三节 报复，还是一笑泯恩仇

当涉及重大问题的时候，我想我算是一个反应较慢的人。值得庆幸的是，我至少不再是一个对往事耿耿于怀的人了。我的新口号是：过得幸福就是对伤害过我的人的最好报复，这种想法让我受益匪浅。

所以，宽恕能让我们重获自由。但是，人无完人，我们不可能马上就取得成功——要么是因为我们内心还没有准备好，要么是因为我们想要去宽恕的人并不理会我们的好意。

有时候，你可能会觉得很难去宽恕某个人，但是有必要说明的一点是，至少要尽自己最大的努力去宽恕他人。

几年前，我在做一个个人发展的课题。其中有一节是鼓励我们回忆起一个曾经伤害过我们的人，然后回家给他打电话，告诉他，自己已经宽恕了他所做过的所有事情。课题中举例，有个年轻的女人选择打电话给她的前夫，并期盼她前夫会做出热烈的回应。她的前夫曾一直嘲笑她对轮回转世观念持有的痴迷态度，并把她比作新时代的荧屏偶像雪莉·麦克雷恩（Shirley MacLaine）——那个我和我的朋友们都很讨厌的角色，就像讨厌有线电视上那部经典电影《钢木兰》（Steel Magnolias）中朱莉娅·罗伯茨饰演的偏执邻居一样。于是，她拿起电话拨了过去："嗨，我是梅兰妮，我正在做一个个人发展的课题，课题要求我们选择一个需要我们去原谅的人，然后给他打电话。我只是想告诉你，我原谅你曾经对我做过的一切可怕的事情。"她的前夫听后放肆地恣意嘲笑，然后简短地说道："雪莉（用荧屏偶像雪莉代替现实人物梅兰妮，具有讽刺意味），我们来世再见。"然后就砰的一声无礼地挂断了电话。上帝啊，他不但对梅兰妮所给予的宽恕无动于衷，甚至还刻意嘲笑，继续在她伤口上撒盐，你难道不为此感到愤怒吗？

我不记得我选择把电话打给谁，不过我依稀记得我也没有成功。但是你知道吗？我已经领悟到当你试图破冰和解，但别人却叫你"滚开"，或者是你心情沉痛地意识到，在放下过去的伤害之前，你还有很多事情要做的时候，你会明白：人生苦短，完全没有必要让自己沉湎于痛苦之中。但是，为什么不尝试着用宽恕来抹掉昨日的一切呢？那又不会损失什么！

当我还是一个年轻记者的时候，我曾羞怯地问过著名女权主义者吉曼·基尔（Germaine Greer），鉴于女性为争取自身权利和地位的斗争阻力重重，她是否曾因为所承受的压力而想到放弃。她回答道："哦，我从来不会那样想，我享受到的乐趣来源于女权运动的争取过程。"我提到这个是因为吉曼的话是非常有道理的。有时候我们无法做到宽恕别人，但是我们至少要尽自己的最大努力去做，而且只要尽了最大的努力，那就已经足够了。

第四节 当宽恕来敲门

我知道你在想什么，和我有过同样的经历的，受到伤害并最终选择宽恕的人，可能并没有想过要写一本关于宽恕的书。不过我比那些受到伤害却最终无动于衷、选择隐忍的人要强多了，至少我可以比较透彻地将憎恨的恐惧与宽恕的轻松做一番对比。下面我来详细介绍一下这本书的写作动机与缘由。

不久以前，我在吃早餐的时候，偶遇了一位朋友。我一直当她是我的守护天使。嗯，是的，她的确就是这样一位道德高尚、品行良好的女士，在人们身处危难的时刻（这种情况在我身上比较少见）总是挺身而出，真心地鼓励他们，给他们提供堪称明智的建议。尽管我们有很长一段时间没见面了，但我知道她一直用一种乐观积极的思想来感染着我。

我们见面时，我突然大声地对她讲起宽恕的重要性来。她在一家出版社工作，随后，我建议她应该委托某个人来写一本关于宽恕这个主题的书籍，因为宽恕可以改变人们的生活。她非常欣赏并认同我的这个建议。回到家后，我突然觉得内心有股力量在不断激励着我，随后，这种感觉越发强烈了，我感到非常兴奋。我下定决心一定要写它——一本关于宽恕主题的书。我一定要亲自来写下这本书，如果她把这个差事交给其他人来做的话，恐怕我会伤心欲绝。我是如此期待能撰写这本书，以至于我专门给她发邮件表达了我的强烈意愿。

她很快就回复了我，并说她们出版社对此事也抱有浓厚的兴趣。随后，她去参加一次大型的国际书展，在此期间整个事情就被搁置了下来。在她离开的这段时间里，我偶遇了一位熟人，她无比肯定地认为我就是最适合撰写这本书的人。

那天，我需要看一位皮肤科专家。我清楚地记得阿德里安娜·薛本纳（Adrianna Scheibner）博士是位皮肤科医生，从我上次采访她到现在，我们已经数年未曾谋面了。那时她还在加利福尼亚州的比弗利山庄，对自己独创的激光治疗皮肤病疗法倍感骄傲。她拥有众多的患者，其中包括好莱坞的顶尖巨星，也不乏一些希望脱离帮派生活、去除文身的年轻小伙子。

阿德里安娜出生于捷克斯洛伐克，在澳大利亚长大，因为她掌握了史无前例的皮肤治疗的技术，能极为有效地去除胎记、伤疤和文身而使其整形技术独步当世，备受关注。她是她所从事的医学领域中当仁不让的领导者，曾多次应邀赴美演讲，传授其绝技。阿诺德·克莱因（Arnold Klein）博士是好莱坞一位德高望重的皮肤科医生，他邀请阿德里安娜在他的比弗利山庄的办公室附近开设了一家诊所。之后，他又把她介绍给一些知名的整形外科医生和执业内科医生。没过多久，阿诺德·克莱因博士还给她介绍了十多位患者。阿德里安娜的诊所迅速地发展壮大，生意异常火爆，完全超出了她的预期。

在这个超级专业的领域，她达到了成功的巅峰。正如一篇报纸文章所描述的那样："她是明星们的美容大师，是那些带着丑陋胎记和帮派文身的青少年们的救世主。"她为此欣喜若狂，完全沉浸在获得成功的巨大喜悦之中。然而，数年后，让人意想不到的事情发生了。

这位年轻、漂亮、有才且成功的医生从魅力四射的顶点瞬间跌落至低谷，一切成功恍如云烟，她就这样无声无息地从大家的视线里消失了。直到某一个冬日，我需要看一位皮肤科医生，这才再次遇到她。

有人告诉我阿德里安娜被迫在外流浪一段时间之后再次回到了诊所。很难找到她最新的住所在哪里，不过我还是成功地与她预约了一个时间。当我走进接待室的时候，她用一种非常吃惊的神情看着我。

"你还记得我吗？"我问。她笑了笑，说："终于见到你了！上帝终于把你带回到我身边了！一年多以来，我一直都在找你。找不到你的时候，我虔诚地祈求上帝将你带回到我的生命里。我不明白为什么自己会有这种不可思议的强烈欲望，不过我想很快就会知道了。我敢保证，你今天来这里绝非巧合。”

第五节 当你一无所有时

一切事情缘于阿德里安娜的理财专家——那个理应积极运作、努力维护她的利益的家伙——却无情地骗走了她的全部财产，还不择手段地诋毁她的声誉，使她无法继续在整形界谋生。他盗用了她的全部资金，她变得一无所有，甚至没有立锥之地，不得不窝在一辆小车里度日。

恶人的暴行是无所不用其极的，为了达到不可告人的目的，他们还安排媒体聚焦阿德里安娜，让她绯闻缠身。在一个“胜者为王，败者为寇”的城市里，阿德里安娜被认定是“败者中的败者”。当我从报道上得知阿德里安娜从如日中天的事业巅峰瞬间跌至人生的低谷时，也不禁为她感到伤心。

随着话题的深入，我谈起了自己最喜欢的宽恕话题和准备写作的那本书。阿德里安娜的脸瞬间像被点燃了一样红润了起来。

“这不正是我的故事吗？都是关于宽恕的！如果我早知道那种发自内心的、彻底的宽恕力量是如此巨大，我早就这么做了。而且，如果每个人都能体会到原谅一个曾经深深伤害过他们的人将会得到多大的收获，他们就会立即去原谅别人，不管这个伤害有多大。即使是只有10%的人们真正地学会了宽恕，这也无异于是完全地改变了我们所熟知的这个世界呀！你能想象得出这样一个美好的世界吗？人们全都快快乐乐地生活，每个人都能充分发挥自己的才能。我能！如果某个人能向大家详细阐述、现身说法宽恕的魅力，那么在我们有生之年，或许真的能生活在这样一个梦幻般的美好世界里，如今，我坚信‘某个人’显然就是你。”

那时，我也在想有什么证据能够证明我能写好这本书，阿德里安娜的一番雄辩说服了我。在我的出版商朋友回来后，我迫不及待地第一时间告诉了她我所取得的进展。

出版合同签订后，我决定以采访阿德里安娜为起点，开始着手撰写这本书。我被发生在阿德里安娜身上的故事所深深吸引，从一名事业有成的整形医生，到倾家荡产、声名狼藉的“失败者”，究竟是怎样的心态使她原谅了那些深深伤害了她的人，而最终得以东山再起，再度取得辉煌成就呢？首先我询问了那些伤害她的人的一些情况，没想到，阿德里安娜竟然十分坦率地说，其实伤害她的人不是别人，正是她自己。

“那时，我并没有意识到正是隐藏在我潜意识里的各种信念引来了别人的觊觎，这样他们才知道我的恐惧和渴望。没有人可以伤害我，除非他们得到了我的首肯。

“我们每个人一出生就拥有了各种思想和观念，即使我们还是一个嗷嗷待哺的婴儿。我们拥有什么样的信念，决定了今后发生在我们身上的一切。

“我需要摒弃的首要观念就是认为自己是一个遭人背叛的受害者，在以后的生活中，我重新使用这份权利。在某种程度上，我一直认为别人会背叛我，于是他们果然真的背叛了我。”

“上帝啊！”我感到极度的震惊，不仅仅是因为她说的这些话，也因为这些观点对我产生了重要的影响，并逐渐影响到了我的世界观。

如果每个人都能体会到原谅一个曾经深深伤害过他们

的人将会得到多大的收获，他们就会立即去原谅别人，不管这个伤害有多大。

我将椅子挪得更加靠近阿德里安娜，请她接着讲下去。

“我们的思想仿佛是脑海里的一部摄影机，可以折射出外面的世界。那些符合我们摄像剧本的演员们被吸引了过来，他们走进了我们的生活，表现出与我们志趣相投的样子。因为我们没有意识到是自己的思维决定了我们的命运，反而认为别人是邪恶的，会伤害我们。我们的内心才是自己真正且唯一的敌人。没有人可以伤害我们，除非他们得到了我的首肯。有了这种首肯的同时，我们也就给了别人走进我们生活的权利。

“第一步，也是最关键的一步，就是为我在话剧中扮演的角色承担起责任。霎时间，我意识到我给了别人多少走进我生活的权利，具体来说，是那些我允许他们来伤害我的人。悟透了这一点后，我有了更多的精力和更好的睡眠。当我醒来时，我精神抖擞，完全不像是做了一个漫长的噩梦，尽管噩梦十分漫长，我并没有因此而疲乏。

“‘我不想再做一名受伤者’说起来容易，但是要想彻底改变一个人的思想，这并非是只言片语就可以做得到的，也绝非一朝一夕的事。有多少女人坚定地说‘我不想跟这个变态狂在一起’、‘我永远都不会再这么做了’，而事实上，她们遇到的下一个人依旧与此前的那个人毫无二致。正如上帝所说的那样，最大的奇迹就是思想的改变。”

第六节 不再受伤

阿德里安娜有些迫不及待地希望反省一下自己的思维方式，仿佛这才是她生活的立足之本，而事实上也确实是如此。

“我迫切地想要改变自己，比一个濒临溺死之人想呼吸一口救命空气还要急切。然而，想改变原来的一整套传统思维模式是一件近乎难比登天的事。但我却只想像按一个按钮就能一下子清除所有问题那样简单易行，这时，‘十二步课程’拯救了我，它是专门为吸毒者和其他有类似行为问题的人设计的全套指导原则，而我则是由于把自己的生活弄得一团糟，而迫切希望改变这一切而加入这个课程的。”

加入该课程之后，阿德里安娜对上帝的智慧和仁慈有了一种坚定不移的信念，于是，她决定相信这种隐形的力量，全心全意地把自己糟糕的生活移交给上帝来处理。

“这种信念是不可能作伪的，就上帝而言，虚假的信念对你毫无助益。真正的屈服和宽恕是无法伪装出来的。

“我坚信，正是因为发自内心的屈服，我才慢慢地意识到那些导致问题产生的根源性想法。首先也是最重要的是我对金钱的态度。我意识到自己始终相信金钱是肮脏的，它是一个大骗子，侵扰了，确切地说是玷污了那些我自以为神圣的东西。帮助别人是我毕生追求的一个目标，否则我的生命将会一文不值。”

阿德里安娜只有四岁时，她当时生活在捷克斯洛伐克，她感染了非常严重的皮疹，面部变得非常丑陋难看，以至于人们当她是异类而纷纷排斥她。这种恐怖的生活持续了三年之久，终于她获得了一名专治皮肤问题的医师的同情，在其专心治疗下，她得以告别了那种灰暗的生活。那个医师对治疗人们，尤其是孩子的面部伤疤或皮肤问题有很深的造诣。

“从那时起，我就下定决心要成为一名专治皮肤问题的医生，帮助人们从痛苦走向快乐，一位美国医疗秘术者卡罗琳·米斯（Carolyn Myss）称其为‘负伤的治疗者’。而且我并没有想从中得到什么回报，事实上我对与金钱相关的事物感到厌恶，因为我认为它是可以给人们带来帮助的一项特权。

“正因为我对金钱有这样一种强烈的厌恶感，于是，我完全将比弗利山庄诊所的经济事宜的管理权，交给一位财务咨询师和他的职员们。”

这位财务咨询师，我们暂称之为保罗（Paul）（非真名），他是一个刚刚服刑期满被释放的人，三年前因欺诈银行罪入狱。保罗对自己过去的行为解释得天衣无缝，同时也直言不讳地表达了自己浪子回头的想法，于是，阿德里安娜相信了他。

真正的屈服和宽恕是无法伪装出来的。

阿德里安娜也是很精明的人，所以很难理解尽管她早有预感，但保罗依旧得以连续六年秘密挪用她的资金。直到她把财务文件交给另一名会计时，阿德里安娜才意识到问题的严重性。

“现在看来一切都很清楚明了，保罗及他的家人，还有他的一些狐朋狗友，再加上我的会计师全都勾结在一起，狼狈为奸。通常，我们倾向于将像保罗这样严重伤害到我们的人归类为坏人，不过现在我可以超然地承担起自己的责任，因为我对金钱所持有的错误态度，才导致如今局面的产生，而且我想知道保罗为什么这么做，他的动机又是什么。

“保罗非常爱他的妻子，并承诺不管付出多大的代价都会好好地照顾她，即使为此再次入狱也在所不惜。所以从这个角度上看，他完全有动机这么做。不幸的是，这种行为伤害了我和那些我来不及去帮助的人们。了解到他的动机后，至少对我做出最终的、完全的宽恕决定有着一定的帮助。”

第七节 洛杉矶滑铁卢

阿德里安娜刚到美国的时候，显然，并非每个人都能承担得起昂贵的激光治疗费用。尽管胎记十分难看，但很多健康保险公司认为这种去除胎记的治疗只能归属于美容化妆行业，因此不愿意承担相关费用。此外，很多人根本就没有任何形式的医疗保险，而且绝大多数病人都是受尽嘲笑、敏感的孩子们。于是，有过类似经历的阿德里安娜成立了一个“勇敢爱心基金组织”，通过该组织向孩子们提供免费而全面的治疗。

洛杉矶骚乱之后，阿德里安娜注意到整形市场上存在着另外一个巨大的需求，即去除青少年身上帮派标志的文身。如果那些年轻人想脱离帮派组织，从此过上正常人的生活，那么去掉身上的文身无疑是非常有必要的。如果阿德里安娜的资金没有被挪用，那么她现在已经在洛杉矶、芝加哥和纽约等地的黑人住宅区建立起几个去除文身的诊所了，这对她来说是轻而易举的事情。

“伴随着一声尖叫传来，我的另一位会计告诉我必须宣布破产。那时真的找不出一个合适的词来形容我的心情，感觉自己毕生的心血全都毁于一旦。不仅是我小时候的梦想被宣判只不过是一场白日梦，连我高中时为进入医校付出的无数努力也都白费了。整个高中时期，我只参加过一场舞会，每个暑假也都用来学习。我提到这些，只是想向大家表明，我为了在激光医疗行业取得成功，付出了太多太多，对我而言有着无与伦比的意义。

“我的工作主要是坐在椅子上，通过放大镜来观察病人的皮肤，用刀片一步步地刮过皮肤，日复一日。我的确非常喜欢自己的工作，感觉像在精心地描绘一幅图画，然而，应付正在接受治疗的病人却完全是另外一回事。我必须时刻关注治疗进程，并且帮助病人克服焦虑，因为病人的皮肤在治疗结束前总是看起来很糟糕。试想，如果是给那些名人们做治疗，他们的脸要在几个星期的时间里看起来面目全非，那是一种什么样的感觉？他们会认定自己的事业就此毁于一旦，而不管我多么细心地讲述治疗过程，他们始终都不会安心，直到治疗结束他们的皮肤变漂亮为止。一旦他们感到恐慌，我就生活在被告上法庭的阴影之下。还有一些人甚至威胁说要把他们治疗过程中看起来最糟糕的照片发布给媒体。于是，我不得不鼓起勇气，请求上帝赐予我力量，帮我渡过难关。

“保罗和他‘忠实’的同谋就是在那时乘人之危进行卑鄙勾当的，当我将全部的精力投入到工作当中，当我小心谨慎地应对心理脆弱的病人时，保罗他们却正在肆无忌惮地挪用我的资金。再加上我工作的初衷就是为了帮助病人，而不是为了金钱，这也为他们的挪用罪行带来了便利。”

随后，阿德里安娜的破产申请被无情地驳回了，然而，事已至此，她明白自己的职业生涯已宣告结束。于是她决定亲手终结自己的生命。她甚至理智地想好了如何逐步终结自己生命的计划。然而，就在她准备自杀的前两个星期，她的一个病人来拜访她，被她憔悴的容颜所震惊。

“她说，‘你看起来神色极差，到底发生什么事了？我建议你带着儿子跟我们一起去牙买加散散心吧！你需要好好休息一下。’我笑了笑，并由衷致谢，不过我没有接受她的邀请。我已经下定决心要永久结束这场噩梦了。然而，她一再请求并表示，‘就这样定了。我这就给我的助理打电话，你跟我们一起去牙买加。’她自作主张地安排着，充满了威严性，让我感觉到是上帝借这位美丽的女士之手，让我放弃自杀计划。虽然有点猝不及防，我还是将它当作是神的干预。”

随后，阿德里安娜告诉了我接下来发生的事情，我一句话都说不出，感到有点茫然、不知所措。

“去牙买加的决定来得如此迅速，以至于我暂时忘记了拿出自杀用的大剂量药剂（它们一直都放在我的手提袋里）。当我和我的儿子亚伦（Aaron）来到好莱坞顶级制片人及其妻子在牙买加的度假别墅里时，我看到了一本客人通讯录。里面全是一些好莱坞明星的名字，其中还有些人曾接受我的治疗。这本通讯录让我头晕目眩，我不断地回想起自己变得一团糟的生活，想起保罗是如此处心积虑地骗取我的信任，我看着这本通讯录，想着我该怎样再次面对这些人呢？我该如何面对我的儿子和我自己？我有何面目再见其他人？更别提面对我的父母了！

“我的大脑高速运转，一种可怕的、前所未有的孤立感袭击了我，伴随着剧烈的身体疼痛，毫无疑问我的肾上腺素已经达到了惊人的分泌量。我的脑子里涌现出很多想法，一个比一个可怕。这的确是一场‘完美的’头脑风暴，它来得如此迅速、如此可怕，于是我找到了手提袋里的药剂，吃了两颗，却没有什么反应，于是我又吃了三颗，随后是五颗、十颗……另外，我又喝了两大杯混有橘子汁的伏特加酒，这样让药比较容易被吸收，因为我从来不喝这种烈性酒，它闻起来、尝起来都十分令人作呕，我不得不捂住鼻子以防止自己吐出来。我每抿下一口酒，就会吞下5~10颗药。这样持续服药至少一刻钟，我随后慢慢地平静下来。我的精神得到了慰藉，这实在是一件值得庆幸的事情，哪怕那慰藉仅有一丝一毫。

“一个小时之后，大概到了晚上十一点，我终于感到困乏了，于是就上床睡觉。两个小时后，我突然醒来，直直地坐着……突然我意识到自己好像没有了呼吸，我看着旁边桌上的瓶子，空空如也……天啊！我服用了8000或者9000毫克的哌替啶（亦称度冷丁，在美国被称为配西汀）！这个剂量足以杀死一匹马甚至一头象。伏特加酒的剂量也相当大，完全可以导致我酒精中毒，或者至少令我陷入深度昏迷。

“身处这间美丽的度假豪宅，远离岛屿，所有的仆人都已回家，各个房间全都空空如也，只有我那十七岁的儿子睡在另外一个房间。因为一场暴风雨的袭击，我们目前没有汽车和电话。即使我可以及时赶到医院，从服药时间来看，洗胃急救也已经来不及了。于是在此时此刻，我放弃了一切挣扎，把一切都交给上帝处理。

“我没有了呼吸，也不需要呼吸，我彻底地理解了‘人不仅仅依靠面包来生存’这句话的含义。我发现自己完全处于一个精神世界里，躯体完全不复存在，更不用说呼吸了。在那种状态下，呼吸是根本不需要的。从某种意义上讲，精神活动就是生命的一切。

“上帝最终拯救了我，从医学角度看，这简直就是个奇迹。我一整晚都坐在床上，思想意识如水晶般透明、清醒，我向上帝致歉，‘主啊，我并非有意要这么做，请宽恕我。’

我现在体会到了精神才是支撑所有生命体的唯一支柱，而身体不过是一副毫无生气的躯壳。尽管在当时那个庄严的场合，我还是全然忘记了这个事实，大声地笑了起来。想清楚这一点之后，我感到释然，顿时豁然开朗。

“我清醒地感觉到，那一晚我可能是处于绝对的精神世界里，通过精神世界对物质世界发挥作用。这都取决于我们的世界观。这次自杀的经历让我的精神世界彻底觉醒了。”

第八节 跌倒了，爬起来

阿德里安娜重拾希望后，随即返回洛杉矶，对自己依旧有机会享受生活并做一些有益的事情，而深感庆幸与欣慰，同时决心给那些阴谋者——她的理财顾问——那个曾扬言“没有他，公司连一刻钟都无法正常运转的家伙”——一点颜色看看。

“我依然相信他们几年来一直在告诉我的一个事实，

即如今这种状况的出现完全要归咎于我。现在，让我感到恐怖的是他们已经将我的经济状况弄得一团糟——已经拖欠了数月的租金和税金。

“他们一定早就谋划好了一个极为周密的计划，包括让我宣布破产和把我逼疯。他们确实只差一步就成功了。在建议我破产之前，他们还拟订了另外一个恶毒的计划，即企图让我拿出三百万美元资金用于投资生命意外保险，保罗希望我能立下遗嘱，以他为保险受益人。他们的计谋如此显而易见，但我居然没能看出来。我当时真是太天真了，难怪会成为一个悲惨的受害者！那时，我全部的精力都放在为监狱里的青少年们去除文身上面，这也是‘勇敢爱心基金组织’工作的一部分，我花费了大把时间在治疗患者上。这样能赋予那些年轻人重生的机会。慢慢地，我的生活也变得痛苦起来，感觉到压力很大，但是与我从这些年轻人那里听到的恐怖事情相比，不过是小巫见大巫。我曾认为自己生活在地狱里，现在我为自己有过这种想法而感到羞愧难当，与他们的生活相比，我简直就是生活在人间天堂。”

阿德里安娜告诉我，保罗染上了对哌替啶的药瘾，导致一个手术出现了哌替啶供货短缺，原因是保罗为自己开药，拿走了全部十瓶中的八瓶，用于缓解自己的毒瘾发作。

“我当时曾惊叫，‘你怎么可以这么做？如果医事委员会知道此事，他们会吊销我的营业执照的！’而我的这些话却给他提了一个醒，于是一个更恶毒的计划形成了。首先，他到处散播谣言说我吸毒，然后他的家人跑到医事委员会企图通过发牢骚来含沙射影地举报我，将我送上医学生涯的断头台。与此同时，他们拒不上交我应缴纳的税金，结果导致税务局查封了我的诊所。到这里为止，事情已经糟糕到了极点，我想任何一位好莱坞作家都无法想出比此情此景更富有戏剧性的情节了吧！

“那个圣诞节是我有生以来过得最惨淡的一个。在无尽的压力下，我那一头浓密的金发全白了，我尖叫着，哭喊着质问上帝，我所做的一切都是为了帮助人们，为什么有人要这样对我？处在一种极度绝望之中的我并没有意识到是自己的思维问题最终导致了这场灾难。”

阿德里安娜遭受了情感层面的重创，最终她做出了传言当中那种令人谴责的行为——她开始吸食哌替啶来抚慰自己千疮百孔的心灵。然而，不久之后，她终于平静了下来。

“那时候，我完全不能够理智地去思考问题，只想让这一切都快点过去。当我吸食哌替啶的时候，我的确不再想那些事情了，但这只能维持几个小时。因为吸食过多，它对我已经不再起任何作用了，我慢慢地失去意识。有时候，我还有一点蒙胧的意识，感觉到保罗在给我注射大量的哌替啶，那剂量应该是足以致命的。”

岂料，在阿德里安娜身上出现了另外一个奇迹。

“没想到上帝最终还是大发慈悲拯救了我——我受邀赴日本作一场演讲。我还有一位朋友希望我能在日本开一家诊所。她说，‘如果你再跟他（保罗）说话，我就永远不理你了。你必须选择一个，是我还是他？’答案是显而易见的，只是我想不明白究竟是什么使我一直离不开他呢？！就这样，一切都结束了。她带我离开了洛杉矶，感谢上帝，在我去日本之后，再没有出现对哌替啶成瘾的症状。”

第九节 真实的宽恕

在阿德里安娜背井离乡的几年间，她花了大量的时间来不断地练习屈服，当然做起来比说起来要难得多。试想，不做任何决定，不采取任何措施来维持你的生活，相反，完全依赖于神的旨意来过日子，那是多么艰难的一件事！阿德里安娜说感觉自己就像是上帝手掌中的一根羽毛，时刻准备着，风往哪里吹，就飘向哪里。这种焕然一新的生活方式让她意识到她从童年时代就获得了多少根深蒂固的信念，以及这些信念对她在今天造成了何等的影响。

摆在我面前的是一个很明确的选择：和平与宽恕，或者是继续满怀仇恨。

“我开始从全局层面来考虑事情。摒弃了以前盘踞我脑海的大部分想法，我变得安静而又平和。这使我获得了一种极大的快乐——一种完全独立于外在因素的快乐。它超越了一切的力量，否极泰来，让我领悟到了宽恕——首先，也是最重要的，原谅我自己，原谅自己太傻而被人玩弄于股掌之上。

“接下来就是请求别人对我的宽恕，那些被我伤害过的人，不管我与他们认识与否。我惊奇地发现，这些人的数量如此之多。我的生活就是为了去帮助更多的人，直到现在我才意识到这种帮助不一定就是他们所需要的，不管我的本意多么美好。例如，我的信任和慷慨使得保罗他们成为盗贼。明白了这些之后，宽恕他们就变得容易得多。”

阿德里安娜再一次对我强调说发自内心的宽恕是无法假装的。诀窍就是忘掉糟糕的事情，仿佛一切从来就没有发生过，从来没有！事实上就是不要把任何事情看作是“糟糕的”。

“在我的生命里，对很多事情的看法被颠覆了，变得乱七八糟的。建立一个好的声誉需要数年的时间，而毁灭它只在片刻之间。在我的事业领域里，人们不会轻易忘记一个臭名昭著的名字，我长期以来建立的声誉完全毁灭了。看来我要去宽恕的人实在是太多。去宽恕别人就好像在说我的生活并不重要，毁灭它吧，没什么不妥。我再三思考这个问题。有一点可以确定的就是，我祈求别人的宽恕，所以反过来我也应该去宽恕别人……但能否坚持这么做就是个问题了。

“我可以对自己说‘我原谅他们所有的人’，然后过一会儿又想起如果能看到我辛苦挣来的那些钱，哪怕是很小的一部分，那该多好啊！如果还有这种想法存在，那么我并没有真心地宽恕他们！

“有时候心里对他们充满了怨恨，这时我能够理解自己之前通过药物作用来赶走坏情绪的做法，这种看似正义的怨恨其实是人间最可怕的毒药。也是我正在饮用的一种毒药，饮用的理由是因为别人在过去的日子里对我所做的一切，而且，奇怪的是它感觉不错。往事不可追忆，它让我想起那些根本不关心我的人，那些可能此时正在享受生活、完全不记得我的人。此时，我清醒地认识到我的思想一直停留在受害者这个坏情绪上。这是一个不错的启示！

“于是，我面临一个明确的选择：和平与宽恕——做正确的决定或继续满怀仇恨。我希望自己可以很容易做出选择，并且我马上就这么做。但事实上，做一个好人、复仇，还是放下过去的一切，为了从这几个选项中做出抉择，我花费了大量的时间和精力（**这是个好消息，因为它证明了我工作不仅仅是为了活着**）。日复一日，我为这几个选择伤透脑筋，毫无进展。我意识到人的思想是多么的强大而有分量，就像是《黑客帝国》（The Matrix）中尼奥（Neo）和史密斯先生（Mr Smith）之间进行的永无止境的战斗。一种想法和另一种想法此消彼长，相互斗争着。

“最终，我不断地祈求上帝帮我定夺，请他把一切都带走。与正义和复仇相比，我更希望能获得心灵的平静。”

阿德里安娜最终的选择是和平，她让那些陷害自己的小人及其同谋逍遥法外了。她说直到她完全地宽恕了别人，她才真正地获得了心灵上的平静和满足。

我的结论就是，真正的宽恕，会给我们带来一些意想不到的好处。比如，在阿德里安娜的这个事例中，她收获了很多，包括大量的新技术、新方法，这些促成了她在激光皮肤病学领域取得了重大进步。

"第一个就是治疗老龄化皮肤的方法，在治疗过程中，激光灯容易导致胶原质的现场重新组合，这样一来，脸上的皱纹完全消失了，而不需要移除表层皮肤。试想，在保持表层皮肤完好无损的同时，脸上的皱纹又可以快速地消失，治疗过程缩短到不足两周，单单是这一项，就已经是巨大的成就与进步了。

"我参加过美国皮肤科学会组织的一场会议，在那里遇到了洛克斯·安德森教授，他是威尔曼实验室的负责人，该实验室是哈佛医学院的一个组成部分。那里没有高层权威，经常有一些关于激光领域的未来发展前景的演讲。几年来，我一直在做安德森教授给我的'一个假设的可能性'的研究。在他演讲完毕之后，我向他展示了我取得的成果，这项成果使得立即去除手术后的伤疤成为可能。'这就是您的意思吧，洛克斯？'我问他。他笑了笑说，'很高兴

看到你回来重新工作。我想此刻你希望我能帮你解释你是如何工作的吧？’‘当然！因为我不会解释，我只知道怎么去做。’

“这个世界上，有多少科学家在寻求快速而有效的方法来植发、去疤、减肥、保持皮肤永久年轻和面容姣好？摆脱传统观念束缚的创造力才是关键。

“今天，我明白了我在不幸之中的最大的幸运就是找回了自己。在尝试过我力所能及的一切方法之后，我的思想开始停止运转了，像是撞上了一堵墙。感觉自己如此的孤单，无家可归，声誉毁于一旦，无法生存，童年时美丽的梦想被现实击打得支离破碎。我不得不向现实低头，感觉像是走在险峻的大峡谷边缘，没有任何东西支撑着我。在我的精神世界里，一场噩梦已悄然发生。

“像是一位演员从他饰演的角色中惊醒过来，还误以为角色里才是他自己真实的生活。我陷入一种绝望的境地，连宽恕也变得毫无意义，因为没有人需要我去宽恕。”

在我们的交谈中，我告诉阿德里安娜说，我相信宽恕是一件很美好的事情，只要它不是意味着你必须原谅他们的行为或者再次与那个人共进晚餐。

“不，你错了！真正的宽恕会让你在思考与他们进餐这个问题上感到释然而并非尴尬，对他们的行为也不再计较。事实上，我在宽恕他们的时候就是这么做的。我敲开了保罗——我以前的大仇人的门，邀请他和我一起喝杯茶。我简直无法描述那种战胜自我、天高任鸟飞的感觉。”

这时候，阿德里安娜的脸上泛着喜悦的光彩，她不再怨恨，而是博爱众人，包括她自己。忘掉过去只是为了获得更多的人生财富，而付出的不过是一个小小的代价。

阿德里安娜留给别人在宽恕方面的建议，我归纳为以下几点：

☆ 花大力气从你身上找出你看不到，但足以引起破坏的行为。

☆ 发自内心地宽恕自己和别人。

☆ 屈服于现实，会有新的收获。

☆ 当然，如果可能，花点时间用心倾听别人的见解，一切顺其自然。

然后看看接下来会发生什么！

第十节 复仇是终极快乐吗

阿德里安娜的英勇历程让宽恕他人变成是一件很容易的事，但事实上，我们大多数人始终对宽恕他人望而却步。尽管我们可能也渴望有一份快乐而安宁的生活，但实不相瞒，通常我们只是走走停停，毫无进展。事实上，在受到伤害后立即进行报复是一件令人兴奋并充满快感的事。问题是，我们会对复仇后的那种快感陷入沉醉，进而欲罢不能，而这恰恰是一条通往地狱之路。

我认识两位女士，她们在学校时交情很好，后来各自嫁给了自己的好朋友。一次偶然的机会，几乎是在同时，她们发现自己的丈夫有了外遇。她们手挽着手去了一家酒吧，在那里喝了大量的鸡尾酒，起草了一个计划，毫无疑问，她们要同心协力地惩罚不忠的丈夫们。她们以为通过羞辱、咒骂这些混蛋，生活就能回到正轨，从某种程度上讲，她们的计划生效了。不幸的是，当该说的说了、该做的做了，律师却站了出来。

先贤曾一针见血地给了我们一个冰冷的教训：如果你计划复仇，先掘好两座坟墓吧！这句话一语中的，不是吗？这两座坟墓，一座是给我们的仇人准备的，另一座是给自己准备的。

当我们受到伤害时，肯定都会想到要报复对方，以达到惩罚他的目的，但这就是最好的方法吗？在内心最深处，我们都知道它不是，因为它不过是一种报复的快感，而且必将带来更加深远的伤害——不是带给别人的，而是带给我们自己的。不过，如果对方对我们的复仇行为不屑一顾，于是，盛怒之下，我们将他们的车胎放气，或者把他们的名字发布在疱疹治疗网站上，然后我们沉迷在这种低俗的、下三烂的报复手段里。即使没有人知道是我们做了这些卑鄙无耻的事情，但事实是我们自己心里清楚，这才是最重要的。罗伯特·路易斯·史蒂文森曾写道："复仇之后，让我们都坐下来迎接一场恶果的盛宴吧！"但是，谁希望享受这样一场痛苦的大餐呢？

上帝、罗伯特·路易斯·史蒂文森和孔子都掌握了充分的证据，来教育我们要学会宽恕——尽管宽恕他人是如此艰难。需要说明的一点是，我真的很讨厌摒弃"报复然后宽恕”的人生哲学——尽管我知道不得不这么做。它意义重大，就像是做每件事都在打赌一样。当然，最后好不容易我也会进入天堂，但我首先把自己变成了一个复仇的怨妇，这也是天意。是的，它是一种短暂的天意，但是它也很容易转变成先享受报复的快感，再付出百倍于快感的沉重代价。

一旦我最终理解了生命中最重要的真理之一，我想我们不会再走原来的老路，至于宽恕，如果一个女人跑回去，把她前夫最喜欢的西服剪成碎片，来作为对他出轨的惩罚，我不再认同这种做法，很无聊、很幼稚，而且真正成熟的人不应该做这样的事情。

江山易改，禀性难移，但是，偶尔一个邪恶的想法通常会惹出更多的事端。这种情况下，我一般是这么做的：强迫自己假设站在房间的另一端，看着自己像丑角一样的所作所为，然后尽可能充满鄙视和不屑地说：看吧！愚蠢的白痴又开始做这样的事了。

这个方法屡试不爽，它能很快地改善我们的情绪。

第二章

奇迹发生

第十一节 奇迹发生

不久前，我遇到了冷战多年、彼此不通音讯的前夫，于是我的生命里出现了一个巨大的转折点。还记得我们最后一次见面的时候，情况非常糟糕。时隔多年，我发现心中的怨恨依旧难以消除。尽管我花费了大量的精力为自己在最后一次会面时的表现而自责，一遍又一遍地追忆，做了无数种“要是……就……”的假设，但我如今依旧对他的所作所为深感不以为然。

我需要补充一点的是，这件事并没有过分干扰我后来的生活，但是对我来说，时常会有一种隐隐的悲伤，希望我们之间能达成和解，这种希望却最终化为泡影。

又一个机会不期而至，我再次找到了他，希望能借此机会完成心愿。在那里，我花了几个星期，才得到了他的电话号码，结果发现他正居住在一个很遥远的地方。考虑到这次机会的重要性，我不断提醒自己放松，按照之前预计的谈话发展下去。我确信这次机会来得正是时候，我差不多都准备好了放手，给彼此一个解脱。我想从某种程度上讲，命运还是很慷慨的，延续多年的冷战，最后以重逢收尾。

考虑到我们一家三口最终见面时的情景，我想保护我儿子和他父亲的隐私，不过我还是要告诉你们，通过敞开心扉的交流，我发现这比其他的方法更容易，也更加愉快。

主角是小查理（Charlie），他用令人难以置信的高尚行为打动了他的父母，他没有丝毫的怨恨和恶意，看到他的表现，那一刻，我终于理解了《生活拼图》的最后一部分，那就是没有什么不可以被宽恕。

感谢上帝赐予我一份如此美妙的礼物——查理。我脑海里已经点亮了一盏明灯，让我明白自己需要去原谅那些让我耿耿于怀的人。这是我从我那出色的儿子那里学到的，那也是我生命里最美好的一个夜晚。

我确信这次机会来得正是时候，我差不多都准备好了放手，给彼此一个解脱。

第十二节 宽恕并不意味着用语言表达

为了弄清楚自残对人造成的影响，并成为这方面的世界级专家，这些年来，我做了大量的关于自残的调查，事实表明，除了丢弃或者象征性地丢弃自己的“巫毒娃娃”（一种迷信形式，与中国古代厌胜之术类似，仪式多与复仇、伤害有关，现代寓意有明显改变）能给人带来一种心理上的满足感之外，自残就是可怜的第二选择了。如此说来，我可能要几个轮回转世才能变得像阿德里安娜那样，最终宽恕别人的过错。不过，这的确是个很有趣的话题。

确实很有趣，但是，在将自己从报复的痛苦里解救出来的过程中真的有必要自残，并生活在强烈鄙视所带来的阴影之下吗？也许真相就在这两者之间的某一个地方。

当然，如果我们已经宽恕了某个人，但还是不怎么喜欢他，这也是可以理解的。但是，如果你真的不喜欢他，那究竟为什么还要与他一起用餐呢？难道这么宽宏大量能让我们与天堂的距离更近一点吗？阿德里安娜坚持认为这是一种更高层次的宽恕，也许她是对的，但我想我可能下辈子才能上升到她那种境界吧！

我知道我不应该对待这个重要的话题像选择一盘甜点一样，只挑自己喜欢的，但是，你只能做自己力所能及的事情，如果你身在曹营心在汉，不管你的初衷是多么美好，你都不会成为一个圣人。

首先，你得有那个意愿。而且，并没有哪一部法律规定你必须用语言去表达对别人的宽恕。这让我想起一个熟人来，她给前夫打电话，说自己对他在结婚后所做的那些破事已经不再生气了，却一点都没有提到她自己的过错。然而，她的前夫却并不为此而感动，事实上，他认为她是个地地道道的花瓶。如此看来，再过些时候，她可能会在宽恕方面做得更好一些，比如选择安静地宽恕，而不是直接拿起电话去告诉别人。

因为严重的神经过敏，又害怕自己健忘，我经历了一个不断重现的噩梦。我给一个伤害过我的人打电话，开始长篇大论地告诉他，对于他很久以前的卑劣行径，我终于可以将往事一笔勾销了，他居然对我说："我认识你吗？"别笑，这种事确实有可能发生，而且如果发生了，我肯定又开始对某些新的事情耿耿于怀了。

没有哪一部法律规定你必须用语言去表达对别人的宽恕。

在有些情况下，用一种非语言的方式来表达你的宽恕要合适得多，要么通过一种精神层面的交流，要么约别人出来或者去他家，用一种友好的、不带批判性的方式沟通。请记住，一个温暖的拥抱足以抵过千言万语——尤其是当你拥抱得足够久的时候。他们会听得进你所说的一切，而且，很可能，他们会对你微笑。

第十三节 宽恕带来机遇与益处

我越来越喜欢利用晚上睡觉前的安静时光来假想与那些和我有过节的人进行一些对话，这听起来可能有点诡异，但确实能让我们受伤的心感觉好受一些。通常，这种单边对话模式，或者你激动地写了一封根本不打算寄出去的信件，会让你充满一种强烈的感情。有时候，我发现于无声处能取得一些重大的突破性进展，这也避免了当面对质的尴尬。

这里，我想提一下另外一件事，讲讲消除怨恨的好处——只要你心甘情愿、落落大方地这么去做了。首先也是最重要的，就是做到真正的宽恕，这点我完全理解，因为这是必须做的事情，但是，作为一个刚学会宽恕的人，我越来越多地发现宽恕能带给人们更多的回报。

给大家讲一个我的亲身经历。在寻找我前夫电话号码的漫长几周里，我参加了一个朋友的葬礼过后的守夜活动。一位好朋友在一个我们都很敬重的人面前，对我做了一些不切实际的评论，我当时非常难过，夺门而出。第二天，她给我发了封邮件，祈求我的宽恕，并解释说她当时有些情绪失控，考虑到她当时沉浸在悲伤之中（再加上她喝了较多的香槟酒），我最终原谅了她。

有时候，我发现于无声处能取得一些重大的突破性进展，这也避免了当面对质的尴尬。

我很冷静地思考了整个事件，清楚地做出了抉择。

我可以告诉她“滚开”，说我再也不想跟她有任何联系，或者想想她这些年的友善和忠诚，觉得自己有她这样的朋友还是很幸运的。于是，我给她回邮件并告诉她：“的确，你伤害了我的感情，但是让我们把一切抛之脑后，忘掉这件不愉快的事情吧！”

现在，我知道这只是一件微不足道的事情，但是我会把这件事记录下来，是因为后来发生的一件事。在寻找我前夫的电话号码时，我遇到了意想不到的困难，而她，是我唯一能够想到的能言善辩的家伙，而且，她非常执着，这足以帮我克服困难，加快寻找进程。她长相迷人，又很愉快地接受了我交给她的光荣而艰巨的任务。我深信，如果没有她的帮助，我可能根本就成功不了。我也会永远记得，如果不是前一天我宽恕了她的无礼行为，我就不会、也无法向她寻求帮助了。

现在，我们俩比以前任何时候都要亲密，她是我一生的挚友。

第十四节 陷于无法原谅的困境

我很清楚地知道，只有极少数的精英人物和优秀人士才能轻易地放弃心中的怨恨，还能与给他们带来痛楚的人愉快地进餐。

与之相反的是另外一类人，他们陷入无法原谅他人的困境，甚至做梦都不会想到邀请他们的对头一起进餐，尽弃前嫌。是什么让这类人去宽恕他人变得如此的艰难呢？他们有没有希望得到一点启发呢？

我只是希望上帝让人们明白对过去既往不咎，并不总是一件很容易的事，因为旧的习惯很难摈弃。就拿感情上的事来说吧，有时候，被人抛弃和遭人背叛是如此的痛彻心扉，以至于在短时间之内，只有去毁灭那个伤害我们的人、摧毁第三者——那个挤占了你的位子的人，似乎这才是减轻痛楚的唯一方法。然而，问题是一旦你领略到了复仇的滋味，就很难就此罢手，更无法做到适可而止。

曾获得诺贝尔文学奖的剧作家哈罗德·品特（Harold Pinter）的故事一直让我着迷，他为了一位漂亮的金发碧眼的传记作者安东尼娅·弗雷泽（Antonia Fraser）而抛家弃子。而他那被抛弃的妻子——演员薇薇安·莫晴特（Vivien Merchant），取笑弗雷泽拥有一双大脚板，说她完全可以穿品特的鞋子了，薇薇安的话被一家伦敦报社引证了。这只是一个很琐屑的评论，也算不上是很高明的报复行为，但我们还是不难想象弗雷泽当众所受到的羞辱。薇薇安只不过是一个普通人，可能她觉得这是自己挽救已经丧失的颜面的唯一办法吧。

一旦你领略到了复仇的滋味，就很难就此罢手，更无法做到适可而止。

我还是一名年轻记者的时候，曾参加过一个由莫晴特联袂出演的电影上映媒体发布会。莫晴特是一名非常有趣的演员，有她出现的地方总能引起人们的尖叫。但是很少有人知道她曾经历过那么多伤心往事，直到后来有人解释（包括她自己）说，她始终不能接受光彩照人的安东尼娅·弗雷泽插足她的婚姻。这个悲惨的故事最后以莫晴特五十三岁时死于酒精中毒才宣告结束。

这场悲剧是一个很典型的案例，人被抛弃后，容易变得充满仇恨，导致精神扭曲，完全失去得到快乐的机会。而她的丈夫却逃之夭夭，不顾旧情，安心地享受第二次美好的婚姻。

对薇薇安来说，一切都为时过晚，然而，对那些与薇薇安有着共同命运的人们而言，有一个响亮而清晰的声音在呐喊：不要轻易放弃生命以及生命中的快乐！

第十五节　当工作成了魔鬼

当工作上遇到不顺心的事情时，道理还是一样的。有一位智者曾经说过（后人只不过是重复他的话），没有人会在弥留之际感慨他应该多花点时间在工作上。毕竟，它不过是你朝九晚五上班的地方，又不能说明你是谁，不过是个工作而已。但是，当你遭遇来自老板和同事的职场软暴力的时候，你才应该真正记住这些话。

升职，意味着更好的办公室、更高的工资，有希望接近那些比你级别更高的老板和同事，而你，却被完全忽略掉了。很郁闷吧？不过，有时候，你可能的确不是最合适的候选人——或者你只是没有明确地表达你的升职意愿。

有一次，在一个慈善组织的会议上，我遇到了某公司的一位高级管理人员，她知道我与她们公司董事会的一位成员很熟，于是，她借机向我抱怨她没有被提拔为董事会成员一事，不停地发牢骚，说她才是最适合的候选人。

后来，我把她的话转达给了我认识的那位董事会成员，他对这位落选者的遭遇竟一点都不同情。

"她曾经举起手来表明她想申请这个职位吗？"

"嗯，没有，"我说，"显然，她相信自己会自动入选。"

"哦，是吗？事实却不是这样的。她更应该积极主动一点，举起手来，让别人知道。"

说得好！

再给你讲讲我发现的一些其他的事情吧——生活有时候就是一个超级大玩笑。如果你的同事似乎是下定决心要为难你，在你和老板之间制造矛盾，你完全没有必要更换工作。那样你只会丧失自己的个性，因为那种家伙会以另外一种形式在一个新的地方等着你。不要受到他们的影响，而是要对他们友好，仿佛什么事情都没有发生。相信我，过不了多久形势就会变得对你有利了。要么那个同事被调到遥远的拉普兰分公司工作，要么他会开始对你热情起来。

在我曾经担任撰稿人的一家报社，有两个女人决心使出一些可怕的手段来折磨我，我想她们的目的是迫使我离开那里。我一直想不明白她们为什么讨厌我，但她们确实讨厌我，于是，我以客气和礼貌回敬之，好像我完全没有注意到她们的恶意一样。我只是保持微笑，让她们放松警惕，也让我保持良好的精神状态坚持下去。出乎意料的是，没多久我就被转到报社的另外一个部门，不，当然不是“拉普兰分公司”，是另外一层楼上的一个部门，这也离她们足够远了吧。

也就是在那一段相当无聊的时间里，我想通了一些道理。并不是每个人都喜欢你，这个事实不假，但你也没有必要为此而改变什么。如果有人讨厌你，就只是这样而已，如果你以更多的厌恶去回应，甚至想着去报复，那就非常不明智了。

如果你的同事似乎是下定决心要为难你，在你和老板之间制造矛盾，你完全没有必要更换工作。

事后看来这些事情都很琐屑，不是吗？都是一些笑料罢了。既然如此，为什么不在事情发生的时候看清局势而一笑而过呢？尽管总有犯罪行为在上演，比如性骚扰，但这完全又是另外一回事，所以你不应该对此忍气吞声，任何人都不应该。

那么听我说，因为在错失升职机会这方面，我还有另外一套理论。我曾见过有的同事因为与自己心仪的工作无缘而哭泣不止，因为工作岗位被那些献身于老板，或者穿着低腰裤、极力地与老板调情的同事所占据。但是你知道吗？有些东西是属于那些最想得到它们的人的。如果你不想委曲求全，扮演办公室性感女郎，据我所知，只要你非常想得到它，那么你最终总是会有办法的。

当我回首以前的工作经历时，我不得不接受这样一个事实，即我难以宽恕那些工资比我高、机会比我多的同事们。我不情愿地接受这个事实的原因，是因为我感到很羞愧。这是在悲惨的情况下，显露出来的人的本性。

我对天发誓，我并不是凭口才来为自己辩解，之所以出现这种情况，大概是因为我长大后发现我的生活缺少足够的关爱、金钱和表扬。这是一种很普遍的恐惧症，我想大概也是我如此嫉妒那些在工作和感情上很幸运的人的原因吧。或者是因为我本来就是这样一个嫉妒心很强的女人。

一周前，我读到了一篇调查报告，报告揭露说，对我们大多数人而言，幸福感并不是与我们挣了多少钱挂钩的，而是与和我们年龄相同、学历相当的人能挣多少钱相关。如果比较的结果对我们自己不利，就会产生一种挫败感。这其实就是一个“优于或差于”的游戏。如“她男朋友比我男朋友帅气”、“他的车比我的车更新”、“她的圣诞红利比我的更多”等。

其实无论是从事业还是感情上来看，我们最幸福的那一刻就是关注我们自己的生活，然后对自己说“这就是我们想要的生活”。与此同时，也向那些运气好的人们默默地送去我们美好的祝福。

第十六节 幸福，就是对别人最好的报复

如果你非要去报复别人的话，自己过得幸福才是最理

想的报复方式。尽管开始一段新的恋情有一定的风险性，但尝试一下、证明一下又有何妨？这是经常在好莱坞上演的一幕戏。我想那些离过三次婚、四次婚、五次婚的名人，对那些一次又一次抛弃他们的配偶，心里应该是积满了怨恨吧？我想，这种综合的怨恨，相对而言，比逐年地怨恨某一个前妻或前夫要紧凑得多吧？

拿富豪和名人们的不幸来娱乐，并不能给我们带来任何好处，它已经成为我们茶前饭后谈论的主要话题之一。这听起来有点奇怪。仅仅凭借杂志上刊登的恋情或分手信息，听信一些匿名的“内部人士”和“小道消息”，我们竟然就认为自己知道那些素不相识的明星们心里在想些什么，我们怎么可以这样呢？

我与这一篇及下一篇中即将要谈到的女主角也是素不相识，更不用说与她们讨论她们的隐私了，所以我对外界不知道（*或者自以为知道*）的事情也毫不知情。但是，谈论到卑鄙女人的复仇话题时，还是值得提一下。

如果你非要去报复别人的话，自己过得幸福才是最理想的报复方式。

第一个要提到的就是红极一时的超级名模克里斯蒂·布林克利（Christie Brinkley），当她选择通过公开在法庭上，与不忠的丈夫彼得·库克（Peter Cook）争夺两个孩子的监护权并进行财产分割时，该消息马上登上了各大报纸的头版新闻。最终，她胜诉了，但她付出了多大的代价呢？

首先，在法庭上，两个孩子会知道他们父亲库克私生活极度糜烂，然后，终有一天，他们会了解母亲选择公开听证这些高度隐私所造成的影响。在审判过程中，库克不雅的性生活细节被公之于众，数小时之内，全世界的人都知道他有了外遇和沉湎于色情不能自拔，这也许就是布林克利想要的效果吧。

在法庭上，库克的律师得知布林克利坚持要公开审判时，对她说："你要求公开审判，这样你就可以当众羞辱你的丈夫，对吧？"

另外让人也同样难忘的是，法庭指定的精神病医生斯蒂芬·赫尔曼博士说的话。当孩子们的律师质问他时，赫尔曼博士公开宣称布林克利需要接受治疗，以发泄她丈夫带给她的气愤和背叛所带来的巨大精神痛苦。

最终，布林克利获得了房产和孩子的监护权，而她的前夫受尽羞辱。布林克利大获全胜，但我们仍然禁不住去想：如果我们自己不顾一切地复仇，会有什么样的因果报应呢？

那个写着“上帝说‘拿走你想要的一切，然后为此付出代价’”的书是完全正确的。

第十七节 故事大结局

几乎在同一时间，高尔夫王子格雷格·诺曼迎娶了网球女王克里斯·埃弗特，在诺曼与埃弗特的恋情曝光后，劳拉·诺曼失去了陪伴她相濡以沫走过三十年的丈夫和曾经的闺中密友克里斯·埃弗特。在大庭广众之下，可怜的、在离婚后不久重新标榜自己是劳拉·安德拉希的前诺曼夫人，遭受了双重的致命打击，受尽羞辱。在强烈的感情冲击下，劳拉选择了公开进行法庭审理，与前夫斗个你死我活，最终她获得高达1.07亿美元的赔偿金，也许她可以从这笔钱中得到些许安慰吧，但谁又知道呢？

无论对谁来说，这都是一笔巨额财产，有人建议她应该为开始一段新的感情立即开通一个电话热线，或者寻找一个新的爱人，但她没有这么做。据报道，前诺曼夫人带着这对恩爱夫妻支付给她的一部分补偿金，在他们加勒比海岛的百万婚礼上大闹了一场。看来，劳拉并不会就此善罢甘休或销声匿迹。

当然，我作为一个局外人来发表评论是轻而易举的，因为我不是故事中被抛弃的女主角。但是，只要她的一些闺中密友带她出去喝几杯鸡尾酒，直言不讳地指出她不过是摆脱了一个和自己老婆的闺蜜乱搞的差劲男人而已，至少她会好受一点。而且，事实证明，这个男人道德败坏，不负责任，刚离婚就迫不及待举办豪华婚礼迎娶另一个女人，高调地接受媒体的采访，你还对这样的男人怀有期待吗？在刚刚结束一场伤害颇深的离婚案后，就不合时宜地举办了婚礼，丝毫不考虑对前妻的情感伤害，这样看来，劳拉·安德拉希的愤怒是完全可以理解的，虽然做法并不可取，但确实事出有因。

也许有人建议她应该为开始一段新的感情立即开通一个电话热线。

在大西洋彼岸的英国，保罗·麦卡尼先生与他的新婚妻子希瑟·米尔斯在法庭上开战了，希瑟·米尔斯告诉法官她丈夫虐待她，并因此向保罗索要1500万美元的赔偿金。最终，她获赔520万美元。在准备离开法庭的时候，希瑟·米尔斯向麦卡尼先生的律师泼了一杯水，因此，我们应该可以得出这样一个结论：米尔斯对法院的判决并不满意，也没有为此忍气吞声。

给希瑟一个教训：诋毁像保罗·麦卡尼这样受人欢迎的明星偶像可不是一个好主意，注定是要失败的。

我们不知道他们的心思，但是，可以看出来的是克里斯蒂、劳拉和希瑟并不能在短时间之内消除心中的怨恨与伤痕。

第十八节 迎难而上，破镜重圆

回到现实生活中来看，那些婚姻破裂的家庭并不总是豪门望族，然而感情上造成的伤害依旧巨大到不容忽视。而且，有时候一门心思只想惩罚对方，容易忽略了道德与法律的界限。但是，你会比利奈特·怀斯（Lynette Quessy）——这个在食物中撒上碎玻璃来谋杀她丈夫的复仇女王——做得更加过分吗?

事情的真相在法庭上得到证实（当然，她已经被捕了），利奈特·怀斯将嫩肉粉与玻璃碎片搅在一起，将其置于橱柜中的一个塑料容器里备用。她将玻璃碎片和着黄油涂在她丈夫的三明治上，企图在婚姻彻底终结之前重复五次，但是她被捕了。

有趣的是，在长达二十年的婚姻生活中，她丈夫早已出轨了，而他的出轨在三年前就被发现。为了孩子着想，他们仍旧生活在一个屋檐下，只是睡在不同的房间而已。直到他们因为财产纠纷闹得不可开交的时候，她的丈夫蒂姆·纳什（Tim Nash）才注意到她为他做的鸡肉三明治有问题。

有时候一门心思只想惩罚对方，容易忽略了道德与法律的界限。

一个星期之后，蒂姆注意到三明治上有类似岩盐一样的东西。他意识到这是玻璃，第二天同样的事情又发生了。他也是个相当聪明的家伙，于是，他不再吃她准备的食物，而且把食物存放在车库的冰箱里，以备日后鉴定之用。

蒂姆在发现一张他妻子手写的便条后，马上就报警了，便条上是询问转移夫妻共同财产是否需要杀死对方的问题。蒂姆思量着：夹杂玻璃的三明治、财产转移……看起来情况很不妙！

谢天谢地，蒂姆伤势较轻，但你知道后来发生了什么吗？你只怕猜错了，最终是一个完美的结局。

在法庭审判之前，怀斯承认了自己的罪行——一项毒杀亲夫和四项试图毒杀的罪名。在判决时，法官说："你承认蓄意伤害你的丈夫……报复这个想法只是一念之间，但是有可能导致实质性伤害和流血事件。"随后，法官认为怀斯不大可能重犯之前的罪行，于是象征性地予以惩戒。

法官也提到说不久前纳什先生对他的妻子撤销了阻止暴力令，这样在他亲口证实不再害怕他的妻子后，怀斯可以回家。

怀斯受到从轻处罚，缓期九个月执行，而且，她离开法庭的当天就可以立即回家。她和她的丈夫又重归于好了。

看来他们彼此都花了大力气来宽恕对方。

第十九节 衣柜里的秘密恋情

是这样的，如果你想抵制复仇的诱惑，秘密就是把握好放弃的时机，做回理智的自己。这让我想起伊凡纳·特兰普（Ivana Trump），她在电影《前妻俱乐部》中有一句妙语：“女孩们，请记住‘不要抓狂，要抓住一切’。”

我喜欢伊凡纳·特兰普的一点就是，她在现实生活中也经历了背叛的痛苦与丧失一切的绝望。面对亲人的背叛，她曾一度充满愤怒，可她最终还是谅解了青春期女儿的鲁莽行为。而且，这次背叛似乎给她带来了一个非常圆满的结局。当然，我很乐意这么想，因为我觉得她在事业上是一位成功的演员，在生活中是一位人生赢家。

在我们空闲的时候，我们每个人都要去做一些事情，如果这个过程要花一点时间，那么这件事就得花一点时间，这是我们解决问题的方式。例如，我为詹尼·耐安的转变而感到震惊，她最终慢慢宽恕了许多父母认为绝对无法宽恕的行为。

詹尼的女儿娜塔莎（Natasha）十多岁时离家出走，五年来一直待在她男友斯科特·布莱克的小屋里。有陌生人来访时，她就躲进衣柜里。

所有人都认为娜塔莎已经死了，但是始终没发现尸体，怎么样才能比较合适地表示哀悼呢？突然，有人承认自己谋杀了娜塔莎，故事有了奇怪的转折（其实之前就已经很奇怪了）。在审判谋杀案期间，警察告诉法官说多亏有人举报，他们发现娜塔莎根本没死，活得好好的呢。

斯科特·布莱克因为伪证罪被判坐牢一年，而现年十八岁的娜塔莎也回到家里和母亲生活在一起，此时的詹尼既感到如释重负，又觉得气愤异常。如果娜塔莎是你的女儿，你肯定也在犹豫是该给她一个热烈回家拥抱，还是因她的不辞而别抽她几耳光，不是吗？

无论如何，年轻人的恋情得以继续，隐匿五年后的娜塔莎与其男友举办了一场浪漫的婚礼。在他们大婚的当天，娜塔莎的父亲和母亲都出席了婚礼，给予女儿最真切的祝福。

第三章

研究表明，宽恕有利你我他

第二十节 研究表明，宽恕有利你我他

真正的宽恕能使人的身体、心灵和精神保持正常运转，当我在学习宽恕意义的理论研究时，我估计社会上类似的研究机构也早已如雨后春笋般冒出。这些研究人员还能挖掘出其他更重要的信息吗？当然！他们证明了在受控制的环境里，人的身体健康状况和宽恕他人的能力有一定的联系。毫无疑问，这是一个激动人心的消息，也是在纯生理特性研究领域的一个重大突破。

该类研究一直是凯瑟琳·柔的专长。凯瑟琳·柔是东卡罗来纳州立大学心理学系的主席，近十年来，她的研究成果被美国公共广播公司制作出来，并命名为“宽恕的力量”（后又在太阳谷电影节上获得最佳影片奖，柔的作品获此殊荣真是一件让人兴奋的事）。柔的研究成果清楚地表明，那些相对比较容易宽恕他人的人和不易宽恕他人的人，在血压和心率恢复程度上有着明显的差别。不仅如此，

柔还证实宽恕他人不仅能给宽恕者带来积极的影响，同时也让被宽恕的人受益匪浅。

柔也回答了一些关于宽恕的留言和问题。有一次，在一次隐秘的咨询过程中，参与者接受了心率和血压监测，被要求回想起自己曾经被伤害到的一个情景。

“一个研究成果就是，那些更倾向于宽恕他人的人，一般都会讲一个他们被伤害的故事，”柔说，“而另外一些人则会说‘您希望我从哪里开始讲？’”她注意到在讲述遭遇背叛的过程中，后者的血压和心率都有明显的上升，而那些已经宽恕他人的人，在生命特征上则有一个明显的差异，即他们的血压和心率能更快地恢复到正常水平。此外，有趣的是，柔发现老人相较年轻人更容易去宽恕他人，女人相较男人更容易宽恕他人。

研究人员最终发现了一些有趣的事情，那就是宽恕他人会导致一个生理上和精神上的最终结果：身体健康和生活幸福。

宽恕他人不仅能给宽恕者带来积极的影响，同时也让被宽恕的人受益匪浅。

我也找到了由邓普顿宽恕研究活动机构出具的一份研究报告。他们的目的是监视和衡量宽恕的生理影响及带给人们的好处，我听到这个消息就跟当初听到柔的研究成果一样高兴。最让我震惊的是机构主任埃弗雷特•沃辛顿的研究，他以一种让人不可思议的心态宽恕了他人。

就在他刚刚发表了一本有关循序渐进地宽恕他人的手册之后，他的母亲遭人暗杀了。我敢打赌，他的手册里绝对没有应对这种挑战的方法！他本人也承认，在得知母亲遭此惨绝人寰的残害之后，他注视着一个棒球棒说："我希望凶手就在这里，我要打得他脑浆迸裂。"

莫名其妙地，他慢慢有了一股内在力量促使他保持言行一致，以身作则。他成功地把重点放在宽恕他人最重要的因素——同情上。对他而言，就是要尝试着同情杀害他母亲的窃贼。沃辛顿尽最大的努力去揣测凶手的思想，试图还原当时的场景。

"我可以想象，那个孩子一定是从背后听到了一个类似这样的声音——你在这里鬼鬼祟祟地干什么呢？"沃辛顿说。在恐惧之下，他慌不择路地杀害了他的母亲。

"我不能让他在没有得到宽恕的情况下就去地狱。"

与此同时，在密歇根的霍普学院，研究人员一直在测量心率、出汗率和问起涉及过去创伤的细节的其他反应。

“他们的血压上升了，心率加快了，而且肌肉紧张度也升高了。”夏洛特·凡·奥廷·威特利越教授解释说。这说明当他们处于未进行宽恕状态下，压力反应要比宽恕状态下大得多。

还有一些科学家也发现了宽恕与基因关系密切。对黑猩猩的研究表明，宽恕甚至关系到种族的生死存亡问题。

“在一个高度合作的组织体系中，很可能出现这样一种情况，即你目前最大的敌人就是你明天最需要的朋友。”埃默里大学耶基斯灵长类动物研究中心的研究员法兰斯德·瓦尔河如是说道。灵长类动物研究中心的成果不仅非常有趣，而且它与另外一派学说传递出了相似的信息，即宣扬宽恕可以得到心灵的平静。一个是关于基本的生存，另一个则聚焦于身体健康和精神受益。

生存和健康，孰轻孰重？我认为两者均不可或缺。

第二十一节 从头再来

有些人对他们曾经深爱过的人带有一种强烈的厌恶感，我对天发誓，我并不是在对他们的行为品头论足，只是因为到最后，一旦糟糕的事情发生了，我们都会想尽一切办法不让自己变得很疯狂。但是，在这种极端情绪的控制下，当我们吃惊地发现自己竟然一直被别人当猴耍，通常，我们并不是总能做出明智的抉择。我们很可能会出于一时的愤怒而草率地采取一些卑劣的行为，只为能够用一些刻薄而伤感情的话来狠狠地回击和报复对方。

然而，一个重要问题就是：选择不进行宽恕是否永远是一个正确的决定呢?

过去的一年里，我一直都相信答案是“否”——直到我听说了一位非同寻常的人——英格丽•波尔森的故事后，才逐渐改变了这个想法。与英格丽•波尔森分居已久的丈夫彼得•波尔森，残忍地杀害了她的两个幼小的孩子和她的父亲，随后自杀。在彻底摧毁英格丽的家庭之前，也就是惨案发生之前的一天，彼得绑住英格丽并强奸了她。在英格丽惨遭凌虐后的住院期间，彼得再次兽性大发，杀光了她全家。

总有这样一些极端的例子，我想特雷莎修女也会发现自己的信念正面临着残酷考验。英格丽面临着多重的人生痛苦：身体被凌辱，失去孩子，失去父亲。英格丽所承受的痛苦太过强烈，而且凶手已经永远都不可能受到法律的严惩了。

在这种极端的情绪控制下，通常，我们并不是总能做出明智的抉择。

有一位播音员卢克•伯纳采访了英格丽，她谈论了自己的遭遇和情感创伤，内容极度扣人心弦。当卢克问起英格丽是否有可能选择宽恕和淡忘时，我屏住了呼吸，心想，英格丽会回答“是”还是“否”呢?

“我想，不管你选择哪种方式来面对，都应该下定决心继续过好自己的生活，”英格丽回答道，“是否会宽恕是我有点不大能确定的问题之一，因为当这样恐怖的事情发生时，人们总是会鼓励我们去宽恕那个伤害我们的人，但是有些时候，有些行为确实是让人无法宽恕的，那么就不要去宽恕好了——只要你不会因此变得充满仇恨和精神扭曲就好。你可以说‘我实在是无法宽恕这个人，但是我选择继续过好自己的生活’。这样也是合情合理的。”

真的很了不起！英格丽非常聪明、勇敢，最终突破了心理上的重重困难，她是一位成功者。她在不断安慰自己寻找快乐，她的思想和行为显示了人类的精神可以拥有伟大的弹性和坚韧性。在一个盛赞体育运动员和影视明星的世界里，像英格丽一样的普通人面对人生的悲剧做出了一些真正超乎寻常的举动，她们的行为也是可歌可泣、值得尊重的。

英格丽不会宽恕那个强奸了她，并杀害她的父亲和孩子的恶魔……但是你知道，她有办法走出恐惧的阴影，继续自己的生活，而且在前进的过程中，她重拾了自己的信念，找回了生活的快乐源泉。这无疑是令人佩服的。

第二十二节 人人都是生而被福佑的

那天晚上，我正在观看国际频道由拉里·金主持的节目，他极力地宣传一整套帮助心智运转的课程。所有的来宾都讨好性地参与了这个推广活动，与其他人相比，坎迪斯·波特博士显得鹤立鸡群，因为她说："我们每个人都是生而被福佑的。"

我激动地对着电视机大叫："这个女人是谁？"我非常想要去相信坎迪斯·波特，因为如果她说的是对的，那么这就是我在有生之年里听到的最好的消息。

我阅读过上万本关于心理自助的书籍，参加了成堆的、承诺可以改变我的生活的课程，坚持接受了两年极其昂贵的心理治疗，但是，所有的这一切，莫名其妙地，就是没有让我发觉我们每个人都是生而被福佑的。我一直对生活存有误解，认为它就应该是波澜不惊、一帆风顺的，而且我认为，在经过多年痛苦的工作后，我们能期望的最好的办法就是自我接纳，如果足够幸运的话，生活会时不时地给我们带来一些快乐的瞬间，仅此而已。

后来直到听见坎迪斯·波特的这句俏皮话，我的想法才有了重大改变，尤其是当我得知坎迪斯·波特有着非同一般的科学背景——她接受过约翰·霍普肯的专业培训。我确实很喜欢坎迪斯·波特。看到她在拉里·金主持的节目上的表现时，我就得出了这样一个结论：坎迪斯·波特是我们女孩子愿意与之倾诉秘密的人，她值得我们信任。我坚信，她不会在这么重要的事情上撒谎。

既然已经知道我们生来就是要享受快乐的，那么我们阻碍自己享受快乐生活的做法就显得非常愚蠢。因此，拒绝宽恕自我和他人，因为得不到别人的宽恕而感到痛苦，是的，这些行为都是相当不明智的。我从新结识的好友坎迪斯·波特那里学到了这一点——痛苦并不是上帝心里所想要给予我们每个人的东西。

我认识一个叫布拉德的二十五岁小伙子，他曾在减肥中心待了几个月。当他对我谈起那位令人欢欣鼓舞的领队（或者人们所给予她的别的什么称谓）时，我觉得非常有趣。在每周测量体重之前，她总会站起来对每个人说：“看吧，你们中有些人因为前晚吃了一整个比萨，或者在周末吃了大量甜甜圈而变胖，但是这又怎么样呢？让一切都随风而去吧！”她说得很有道理。做一个有意识的自主决定，使我们不受自己和他人愤怒的影响，抛开一切，我们更容易达到一个知足常乐的状态。我不敢相信，自己竟然花了这么多的时间才想清楚了这个道理。

当我想起那个精神治疗医师在大约一百个短促的治疗期内，什么也不做，只是直勾勾地看着我，我对此感到极度愤懑！你能想象得出比叉腿坐着、直直地看着、假装在听哭泣的病人倾诉，这样更容易赚大钱的方法吗？难道直接告诉我幸福的秘密会要了他的命吗？毕竟这些并不是让人难以捉摸的办法呀！但是，你知道吗？我决定释放对他的愤怒，因为这种愤怒（事实上任何一种愤怒）是毫无益处的。

因为得不到别人的宽恕而感到痛苦，是的，这些行为都是相当不明智的。

从我开始写这本书后，我一直在回想从过去到现在的一系列场景，试图找出一些我仍然需要释放出怨恨的场景。每一个场景，我都不断告诫自己，就如那位布拉德在减肥中心遇见的女士建议的那样："让一切都随风而去吧！"

这个方法非常有效，也很有趣，而且额外的回报就是，我发现当自己回首过去的很多事情时，我第一次以成人的眼光来看待它们。下面给大家举一个很好的例子。

很久以前，我在滑雪橇的时候认识了一个股票经纪人，我答应了他的求婚。几个月之后，他突然改变了主意，决定还是继续与他的妻子在一起。是的，这个混蛋已经结过婚了，而我却在很长一段时间内，对他的无耻行为感到无比的愤怒，我陷入这种不能向人倾诉的愤怒中无法自拔，因为这是一份见不得光的恋情。在今天看来，我不会指望一个背叛自己妻子的男人会有多诚实和正直，也不能容忍在我之后，他又会花言巧语欺骗其他的女人。此外，我还能奢望因为自己的介入，这段恋情会有什么好的结果吗？

我得到了应得的报应，但是，我已经将自己从怨恨和被欺骗所带来的心痛中解救出来了。我想没有跟他在一起对我而言是很幸运的。

第二十三节 不要留下一首未唱完的歌

很多人都喜欢写下一些有用的真理性的格言。我一般是这样做的，把最好的格言抄在每年的日记本的首页，然后养成每天早上翻看一遍的习惯。其中，我最喜欢的一条是：“保持微笑，你会意识到昨晚的失望仅仅是一次人生体验而已。”我很喜欢这句话，因为当我轻易地陷入报复与憎恨模式中时，它有一股强大的力量帮我走出困境。现在，受到启发的我可以从容地将发生的事情当作“一次人生体验”，而不会像过去那样让憎恨的想法泛滥成灾。

深陷怨恨，意味着你要唱的那首歌一直没有被唱起过，这是一件相当悲哀的事。

这种方法让我们意识到，绝大多数人容易对别人的语言和行为太过敏感和反应过度，而事实上那些语言和行为并不是故意要戳到我们的痛处。几年前，我因为一位密友的背叛而受到伤害时，就有了这样一个模糊的概念了。我并没有觉得自己做错了什么。像一个可怜的小动物一样，我四处走动，想着别人怎么可以这样毫无理由地伤害我。一天晚上，在一次聚会上，我把这件事告诉了里昂（Leon），一个我非常喜欢的家伙，因为他很幽默而且聪明伶俐。

“里昂，如果别人这样对你，你会怎么反应呢？”

他笑了笑说：“我可能根本就没注意到，因为我脸皮厚哇！”

在某些方面我进展得比较慢，不过我努力地想脸皮变得厚点。当我可以做到这一点的时候，我可能不会那么轻易地生气，而且最终处于一种情绪停滞的状态。

我希望再与大家分享我日记里的另一篇格言，这句话来自印度诗人泰戈尔：“有些人的生活就是在不停地拨弄他们的乐器，而那首他们要唱的歌却一直没有被唱起过。”

我第一次抄下泰戈尔的这句名言是在几年前，自那之后，它就一直伴随着我。这正是我们谈论的核心内容：让愤怒和过去的伤害都随风而去吧！当我情绪激动时，我会默诵这句话，细细品味其真谛。深陷怨恨，意味着你要唱的那首歌一直没有被唱起过，这是一件相当悲哀的事。真是可惜！

我想，这应该是每个人走向成熟的一个必经过程吧，我又重新定义了自己生活中最重要的事。我对这类话题越来越感兴趣了，即怎么样去做一个得体的人，如何才能做好等。比如说，太空探索与寻找一个振奋人心的格言相比，就无聊得多。在火星上，可以带着自己的秘密悄然死去——即使火星的道路上铺满了美味的巧克力，也比不上在地球上为追求美好生活而学习新知识让我感到更加振奋。

第二十四节 如果有人希望你死掉

你应该知道当爱情占据了你的全部时，会是一种什么样的情况，是不是觉得你每到一处都会遇上热恋中的情侣？我想大概有点像吸引力法则吧。现在，我沉浸在赎罪的可能性之中，所以，我一直被那些处于情感不同阶段的人们在解决问题中的有趣故事吸引。

有意义的是，几乎所有的故事都给了我一些启发，这对于后来才开始恋爱的人，比如说我，是非常有帮助的。

其中，最能触动我心弦的是这样一个故事，一位父亲原谅了经常诅咒他并叫他去死的十一岁女儿。父女两人有几年都没有见面了，当那位父亲因为肝癌而奄奄一息的时候，他担心女儿在未来的几年内可能会因为自己对父亲的尖酸刻薄的话语而感到痛苦，甚至会觉得是因为自己的诅咒才导致父亲的早逝而感到愧疚。

在他生命中最后的几个星期里，他获得了家庭法庭的允许，给女儿留下了一封信和一张光盘，大致内容是表明他已经原谅女儿对他的咒骂，同时还表达了他对女儿无条件的爱。

这听起来感觉他是个很特别的人，面对孩子的出言不逊，他不仅没有滋生怨恨，还体恤女儿的情绪与感受。我们应该视父亲为胜利者，因为在这种异常痛苦的情况下，他始终保持着宽宏大量的胸襟。让我们一起祈祷在他生命终结的时候，能有一个人在他旁边，轻轻地握住他的手，为他送终。

这位好人伟大的胸怀时常让我感到羞愧，因为长期以来，我总是因为一点琐屑的小事而生气，曾经因为在商场停车场停车时被人撞到，导致我在很长时间里愤怒不已。

我甚至幻想着要在那个人的车上留下一片刮痕来报复他。

这简直就是太疯狂了！如果我们在停车场再多绕一圈看看是否有地方可停，这也不会损失什么呀！更何况又不是要在暴风雪中蹒跚步行！看来，我总是有能力把一场小小的可怜的愤怒上升为一种大大的坏的情绪，并且持续一整个上午，同时也给别的司机制造了一种非常不和谐的气氛。

第二十五节　强迫自己，直到切实做到

前一阵子，我听到了一个让我很受启发的笑话。大概内容是这样的：一个女人在商场的停车场转啊转，想找到一个空着的车位。然而，一直没有找到，她非常绝望，于是，她向上帝祈祷："主啊，请赐予我一个车位吧，我保证我会重新去教堂做礼拜的。"两秒钟之后，一个空车位出现了，就在商场入口的右侧。就在那一瞬间，她说道："主啊，不用麻烦你了，我已经靠自己找到一个了。"

是的，这个笑话跟宽恕毫不相关，不过它真的把我逗乐了。每次，当我很想对那个抢到车位，很自然地就把我撞到一边的那个司机大喊“我希望你的车子爆胎”时，我都会想起这个笑话。现在遇到这种情况时，我会对自己说：“握紧方向盘”，而不是图谋对别人实施报复。

我不得不承认，珍妮弗·安妮斯顿（Jennifer Aniston）在这些方面是我的榜样。我发现，在压力之下，她的表现总是那么优雅迷人，比如说，当布拉德·皮特（Brad Pitt）在大庭广众之下因为安吉利娜·朱莉（Angelina Jolie）而甩了她的时候，她依旧保持着自己的尊严。真心地希望珍妮弗的文雅举止（尽管内心毫无疑问会觉得受伤）可以让她继续自己的生活，让往事随风而逝。当然，她是应该得到幸福的人。

事实就是，在这些情况下，如果每个人都不花大量的时间去批评指责对方，那么，每个人都可以继续自己的生活，即使开始时很困难。凯莉·米诺（Kylie Minogue）对她的男朋友奥利维尔·马丁内斯（Olivier Martinez），那个法国健美男子相当失望，不过，在凯莉的治疗癌症期间，奥利维尔一直陪在她身边，显然，他们一起度过了一段美好的时光。现在，他们成了无话不说的好朋友，而且，很难想象，如果当初凯莉在公开场合倾诉奥利维尔带给她的伤害和失望，他们是否还会像今天这样友好呢？凯莉长相甜美，一看就知道是那种懂得宽恕他人的女孩子。

在面临宽恕这个问题时，我们每个人都面临一个选择，即宽恕，或者不宽恕。

同时，“小甜甜”布兰妮·斯皮尔斯（Britney Spears）也是一个有着天使面容、魔鬼身材的人物，但是她退出了娱乐圈，不过她应该得到另外一次机会。她在宽恕自己的时候，一定也经历了一些困难的时刻。而且，在复出这条路上，肯定也有很多时候需要她去伪装出自信和快乐的样子。作为她的粉丝，我希望她一切顺利，万事如意。

不过，我实在是不想提普拉提（Pilates）课程中发生的那件事，当我看到又是那两个女人像从前一样在八卦的时候，我就忍不住要发火，想说一些恶毒的话语。那聊天的声音实在是大煞风景。我总是很想走过去，然后揍她们一顿，那时候，我确定自己会讨厌她们至少二十年之久。不过请记住，现在的我比以前的我好多了。我最有效的办法是：我会看着大嗓门八卦的那两个人，然后压低嗓子说，

“我祝福你。”

相信我，这个方法非常有效，不过你得一直假装甘愿这么去做，直到你心里真的这么想了。

第二十六节 不要庸人自扰

大约十五年前，我在一位自己倾慕的男性友人家里做客。那时，他刚刚结束在欧洲的旅行，他从卧室取出一条精致的丝绸围巾，这围巾是他为一位巴黎的友人而购买的。

“我不能把这条弄脏了的围巾送给她了，行李箱中的洗发水渗漏弄脏了它。你喜欢这条围巾吗？”

郁闷！他竟然把不好意思送给别的女人的东西送给我——更糟糕的是我竟然接受了。“谢谢。”我说，然后收下了这条沾有洗发水的该死的围巾。后来很长的一段时间里，我都很气愤，因为他完全是以对待二等公民的态度来对待我。

现在，这件事早已经成为过眼云烟，因为我读懂了埃莉诺·罗斯福（Eleanor Roosevelt）那句精辟的评论：“没有人可以让你觉得自己低人一等,除非你允许他们这么做。”

回首过去，当我想起自己总是因为一些琐事而烦扰、抱怨时，心里充满了愧疚。天啊，哪一种会让你备受打击：是你在全神贯注做运动，别人在旁边热热闹闹地聊天，还是你得知十一岁的女儿真心希望你死掉?

那位可怜的父亲。我想他是否知道自己像英雄般牺牲了呢？但他无疑是我心目中的英雄之一。真希望他女儿有天能看到他留下来的光盘，然后备受鼓舞，在今后的感情生活中能够懂得珍惜爱她的人。

对我来说，从这个差点成为古希腊悲剧的故事中，得到的一个实实在在的启示就是：如果我们长久地不去宽恕他人，那么死亡之神真的有可能会不期而至，带走我们的敌人，最终，我们会在醒来的时候，发现木已成舟，连冰释前嫌的机会也永远都不会再有了。

在得知那位倒霉的父亲和他的女儿的这个故事后不久，我参加了一个朋友的生日聚会，在那里，我跟另外一位初次见面的客人鲁斯（Ruth）分享了这个故事。她告诉我说她的父亲和母亲都曾被关进纳粹的集中营里。我们就此展开了一场讨论，即在经历过类似的巨大痛苦之后，我们要多久才能挖掘出宽恕他人这份内在素养。

鲁斯接着谈起了一个让她深受感动的纪录片，讲述的是一个十几岁的少女在二战期间被关入死亡集中营的故事。结果，当她跟她的姐姐说话的时候，经常发生在集中营里的最恐怖的事情降临在她身上，一个卫兵走了过来，当着她的面，一枪击毙了她姐姐。朝夕相处的姐妹就此阴阳两隔，很难想象这个少女心里的痛苦、无能为力以及强烈的憎恨感。

在此后的五十年或者更漫长的时间里，她一直生活在极度的悲痛和怨恨之中，直到有一天，她意识到重新开始新生活的唯一办法，就是让自己的人生变得完整。虽然她已经是一位年老体弱的老妪了，她还是决定努力找到当年那个集中营的主管，与他当面对质，然后握手言和。根据鲁斯所讲，纪录片中有一个很特别的场景，两个老人手挽着手一起散步，他们已经成了好朋友。

在涉及宽恕与否的这个问题上，我们每个人都有自己的选择。如果这个勇敢的女人可以放下这种无以言表的伤痛，那么，我们也应该可以放下日常的烦心事和失望之情。而且，在日常生活中，再没有比发现自己深爱的人竟然是一个感情骗子这个事实更让人痛心的了。

我一而再、再而三地回到这个主题上是因为，这是一个我们都可以认同的“我选择宽恕，还是不宽恕”的场景。你无法回避，但是在你刚刚发现自己被人耍了的一瞬间，谈论宽恕似乎是有点自吹自擂。

还记得那是在一次聚会上发生的事，仿佛就发生在昨天一般，我被告知了一些有关我男朋友的消息。聚会的女主人在一家花店工作，她觉得应该告诉我，我的白马王子在前一天已经订购了一束红玫瑰。她知道我并不喜欢红玫瑰，于是在她的同事招呼我的男朋友的时候，她多留了个心眼。在他出去之后，她迅速地偷看了一下玫瑰旁边的手写卡片。那是一张充满爱意的浪漫卡片。问题是，卡片并不是送给我的。

我感谢了女主人告诉我实情，随后我朝站在阳台上的男朋友走过去，质问他在干什么。没错，他在与另外一个女人约会，脚踏两只船。在那里，我立即跟他分手了，随后的几年里，我还是一直很生他的气，对那个告诉我实情的女主人也很气愤。

现在，我有两个人要去宽恕，这对我来说并不容易。我不止一次地想，如果我不知道这些内幕会不会好一点呢？

所以，不要让我打开话匣子，我有一堆这样的故事，跟我在一起的人都像懦夫一样。我只是想知道：只是我自己这样，还是别人也会遇到这样的情况呢？

第二十七节 宽恕形象大使

毫无疑问，当今世界上当之无愧的宽恕形象大使是纳尔逊·曼德拉（Nelson Mandela），他在数十年的牢狱生涯里以及解除囚禁后始终保持的优雅风度令人惊叹。当时，他没有怨恨，如今，他也毫无怨言。

我曾有幸见过流行音乐潮人姐妹组合中的凯西·斯莱奇（Kathy Sledge），她们因为一首高居音乐排行榜榜首的经典歌曲《我们是一家人》深受广大歌迷喜爱。凯西告诉我说当她见到纳尔逊·曼德拉时，曼德拉深情地拥抱了她，并说当他在监狱里的时候，可以听到卫兵的广播，时不时地会听到《我们是一家人》，这首歌一直支撑着他走过这些年的艰辛历程，是这首歌让他意识到自己是广阔人类大家庭中的一员。

第二十八节 大悲，然后宽恕

我想，上帝一定很扬扬得意，因为他创造了潘金福（Phan Thi Kim Phuc），一位在越南战争中饱受痛苦的女人。在一名美国司令官的指挥下，一枚汽油弹投向了潘金福所在的村庄，不幸的是，她的裤子被火烧着了，而她赤裸着身子朝照相机跑去的照片不久后成为人尽皆知的焦点。那是在1972年的6月，当这些照片被展现在世人面前时，国际舆论与美国国内舆论都为此而哗然，在巨大的舆论压力下，这场恐怖的战争出现重要转折点。

今天，潘金福去过很多国家，不断宣传和平思想，被问及那些照片时，她也从不回避。事实上，她希望这些照片能展现给年轻的下一代："让全世界的人都来看看战争是多么的恐怖。"

一次偶然的机会，我读到了她所写下的一段文字——"我们不得不彼此帮助，共同前进，而且我想要原谅那些让我痛苦的人。我做到了——于是，我远离了怨恨和报复之心”。

每当我读到她那无私的言语，我就想，从某种程度上讲，她的生活已经毁于一旦，她该是经历了多大的痛苦和绝望啊！我一直惊讶她是如何成功地摆脱了自己心中的愤恨呢？

并不是每个人在有生之年都能两次成为英雄。

提起越南战争，不得不提到约翰·麦凯恩（John McCain）在被俘后所遭受的极端痛苦折磨，在他被俘期间，受尽了北越军人的凌辱，而他最终也放弃了怨恨，选择了宽恕。如果他全副武装，前往施暴人的住址寻求复仇，因为仇恨的种子在他心里早已埋藏了很多年。

不过，在近期的美国有线新闻网上，我听到他说：“关键是我相信救赎，我相信宽恕，我宽恕那些折磨过我的北越军人。我宽恕反战运动，并与他们达成了和解。我的一生都用来和解与救赎，这也是我为什么相信救赎的原因。”

显然，并不是每个人都能在有生之年两度成为英雄。

第二十九节 曾经为爱所伤，终究开出成功之花

我一直都感到很震惊，有些人，也许是我们身边很亲近的人，竟然可以变得如此狠心绝情，对我们做出一些令人难以置信的行为，比如赤裸裸的背叛。他们甚至没有意识到自己的行为是应当遭天谴的。如果发现别人消除了对他们的怨恨之情，他们对此可能丝毫都不觉得吃惊；但是，他们肯定会觉得奇怪，为什么别人会对他们抱有怨恨之情，他们固执己见地认为自己的所作所为简直就是无懈可击的。我与大家分享下面的这个故事，通过这个故事，我们可以对背叛之后取得的成功有种更深刻的领悟。

艾米（Amy）邂逅了比她年龄稍长、英俊的爱德华（Edward），两人迅速坠入爱河。一天晚上，艾米和爱德华有一个事先预定好的约会，不幸的是艾米生病了，为了不让爱德华空等一场，于是，艾米的姐姐伊丽莎白（Elizabeth）替她赶赴了与爱德华的约会。此后，伊丽莎白就一直与爱德华约会了，而且按照当时的社会风俗习惯，

爱德华认为伊丽莎白是姐姐，应该在妹妹艾米之前出嫁，于是，他向伊丽莎白求婚，伊丽莎白也答应了，他们邀请艾米出任婚礼的伴娘。

这对新婚夫妇后来搬到另一个州去居住了，随后，他们有了自己的爱情结晶。当他们第二个孩子即将降生的时候，爱德华得到了一份难得的工作，这意味着他不能够经常回家，于是，他问艾米能否搬到他家去帮助伊丽莎白照顾孩子。艾米也同意了，她和寡居多年的母亲一起搬到了爱德华与伊丽莎白的家里，帮她照顾孩子。不久后，艾米遇到了一个很不错的男人，随后他们结婚了，有了两个孩子，他们的婚姻生活一直都很幸福美满，直到她的丈夫去世，享年 68 岁。

两家人一直住得很近，一起度过了无数个圣诞节和生日宴会，而之前伊丽莎白与爱德华对艾米的背叛行为也从未被提起，直到爱德华快到 80 岁的时候，他不幸得了老年痴呆症，被家人送入了疗养院。一天，当艾米带着小女儿去探望爱德华的时候，他明确表示自己非常不喜欢待在这里，也不想再回到伊丽莎白那里，请求她们帮他租一套房子安顿下来。随后，他转向艾米，很深情地对她说：“从一开始，我应该娶的人就是你。”

自己过得幸福就是对他人最好的报复。

艾米的小女儿想，爱德华的坦白“也许让母亲释放了曾经受到的伤害。对母亲来说，这是个精彩而重要的瞬间；对我来说，也是”。

我敢保证，艾米并不是天生就这么卑微，而是她深谙这点，就是之前我说过的：自己过得幸福就是对他人最好的报复。艾米与丈夫的美满婚姻就是告诉爱德华和伊丽莎白“我们过得很幸福”的最好的方法（虽然这位善良的女士从来不曾有过这种愚蠢的想法）。

第三十节 当爱已成往事，请华丽转身

当我们被亲人欺骗时，完全是一个不同的局面，因为它看起来似乎是违反自然法则的。但是，一旦到了紧要关头，经证明，骨肉亲情甚至会变得跟纸一样薄（血淡于水），

当欲望和贪婪令人无法抗拒时，结婚证书变为一张废纸，毫无价值。看到那些曾经信誓旦旦的承诺频频毁于一旦，婚姻生活里，除了背叛和讥讽再无其他，确实让人感到沮丧和心寒。

每次当我思考这个频繁出现的可悲局面时，我总会想起以前认识的一个人——沃尔特（Walter），事实上，我还曾与他有过几次约会。二十年前，他的妻子与他人私奔，此后，他一直沉浸在强烈的愤怒和深深的痛苦之中。这也成了他极度憎恨前妻的理由，他像鲁迅小说里的人物祥林嫂一样逢人便讲述他前妻的种种不是。他不愿意继续过好自己的生活，这种情形让人觉得他实在是太可怜了，尤其是当我听说他前妻与第二任丈夫生活得很美满时。她也许根本就没考虑过自己的行为给前夫带来了多大的伤痛吧。

我想，沃尔特一定是这么认为的，他想通过对前妻的憎恨这种方式来惩罚她。但事实上，他只是惩罚了自己。

有一天，我们参加一个剧本的公开首演，这是一场再现 20 世纪 30 年代生活的喜剧——《智者和愚者》，当然这只是一场话剧而已。但是，我的同伴沃尔特，整个晚上都怒气冲冲的。当我们乘坐出租车回家时，他还在抱怨这个剧本，因为这个剧本讲的是一个女人抛弃自己的丈夫跟人私奔的故事。

“高兴点，伙计，”我说，“这是一出喜剧。”

“你尽管嘲笑我好了。”沃尔特咬牙切齿地说。

他一定是这么认为的，他想通过对前妻的憎恨这种方式来惩罚她。但事实上，他只是惩罚了自己。

在他前妻离开后的二十年里，他就一直原地踏步，沉浸在对前妻的批判中而毫无建树；而他不知道，如果自己及时抛弃这一切，早日开始幸福地生活，将会是一个更聪明的复仇方式。他只是一直没有弄明白，放下过去的伤痛，重新来过，才是给自己最好的礼物。

可能我对这个角色的态度看起来有点哀其不幸、怒其不争，不过我确实为他感到遗憾。从某种程度上讲，随着前妻的离开，他认为自己的生命也快耗尽了，而快乐仿佛是一件很遥远的事情，他只能为一些不再属于自己的东西拼命挣扎。

有一次，我与他分享了一位伟大钢琴家阿图尔·鲁宾斯坦（Artur Rubenstein）的一段名言，不过效果不太理想。鲁宾斯坦说：“我活着只有一个原则，那就是无条件地享受生活。人们也许会说‘如果我像你一样身体健康，如果我像你那么有钱，那么，我肯定会活得很幸福’。但事实不是这样的。即使是我躺在医院的病床上，我也还是会活得很开心。这种开心必须是来自内心深处的。这也是我一直在通过事例教育孩子们要记住的一点，让他们理解生活是无限美好的，我们每天都要尽情尽兴地享受生活。”

也许理解这段话对于沃尔特来讲，实在是太困难了。所以，我上次见到他的时候，他还是从前的老样子。不过，他告诉我他与前妻偶遇的情形，这也是他们分开二十年后的第一次见面。

“我正参加一个画廊的开业典礼，这时，一位看起来像芭芭拉·布什（Barbara Bush）的女士朝我走了过来，问我是否愿意跟她喝杯酒。我回答道‘非常荣幸’，随后，她回敬了我一杯，当我听到她说了一句话，我差点就晕了过去。她说，‘为我们共同的值得骄傲的孩子们干杯！’她竟然是我的前妻，她已经苍老得连我都认不出来了！”

她不再是从前那个让他魂牵梦萦的性感女郎了，我告诉沃尔特说这也许是一个征兆：是时候忘掉她吧，是时候忘记他们之间的恩恩怨怨了。但是，不，他不同意。十几年的愤怒已经让他不能自拔了，他表示自己会继续保持这些恶意报复的想法。

最终，我放弃去劝说他。那天，我对他说的最后一句话是："沃尔特，尽你最大的努力做最好自己吧！"

有几种原因让他的生活变得非常凄惨。其中之一就是，他身边总有一些熟人愿意和他交谈，听他用刻薄的语言来评论自己的前妻。而这些口头上的谩骂从聚会上传开了之后，人们都逐渐地疏远了他。而他并没有意识到自己已经成为一个人人厌弃的人。又或者他什么都知道，只不过他已经不在乎这些了。

第四章

宽恕自己

第三十一节 宽恕自己，这也是最难做到的

最近，我发现一些关于背叛的故事像磁铁一样深深地吸引了我，这些背叛故事中，只有少数是以和解而告终的。同时我也非常感激人们对我的信任，愿意与我分享他们的亲身经历。我敢说，发生在瑞贝卡（Rebecca）身上的故事，毫无疑问，是我听到的所有故事中最让人动容的。

瑞贝卡生活在澳大利亚，在当地电视台谋求到了一份不错的工作。然而，每当夜深人静的时候，她独自回家，待在一个偌大的房间里，看着这个她曾经用生命之爱去呵护的家，想起自己这些年无微不至地照顾病重的爱人詹森（Jason），心里不禁感慨万千。詹森已经去世五年了，而瑞贝卡仍然沉浸在她宣称的“再次宽恕的难题：宽恕还是不宽恕”之中。

当詹森第一次需要移植一颗肾脏的时候，他的姐姐和两个兄弟接受了相关测试。他还有一个姐姐不愿接受测试。

测试结果表明，他的姐姐是唯一一个与詹森的肾脏配型相符合的人，不过她也不是最理想的捐赠人。

考虑到詹森的姐姐与他的肾脏配型可能会引发的医疗并发症，任何一个玩过过山车的人都能体会到那时这家人七上八下、忐忑不安的心情了。瑞贝卡告诉我说："她（詹森的姐姐）患有高血压，专科医生已经取消了她捐赠肾脏的资格了。你可以想象一下当时的情况有多糟糕。然而，她一再坚持要求这么做，而且固执己见，最终医生终于屈服了。我可能要补充一点的是，她差点因为大出血而死在手术台上了。我对她永远都心存感激，因为她给了詹森将近十三年的高质量生活。"

后来，詹森又一次病重，医生说他的肾脏出现了感染，而且很有可能他又要失去一颗肾脏了。在接下来的几个月里，瑞贝卡再一次着手为她的灵魂伴侣寻找肾脏的捐献人。

多年以后，我发现最难以去宽恕的人，不是别人，而是我自己。

第一次没有接受测试的姐姐现在真的是唯一可能帮助詹森的人了，然而，当瑞贝卡意识到这位姐姐不希望被打扰时，瑞贝卡自己举起了手，希望能成为詹森的第二个肾脏捐助人。

“在通过所有的测试后，我的肾脏与詹森的肾脏居然是可以相容的，尽管不是最理想的匹配对象，但足以进行移植了。随后，医生安排了手术，但是在等待接受手术的这几个月对詹森来说，是异常艰难的。对于我精心安排的这个手术，他认为是完全没有必要的，也丝毫没有兴奋之情。手术时，他病得非常严重，而我却迫不及待地希望这一切早点结束，再次拥有一个高大、强壮的詹森。

“手术看起来很成功，他很快就可以下床活动了，比我恢复得都要快。他是医院里的明星病人，大家都围着他转。不幸的是，因为我的肾脏不是最理想的匹配对象，他不得不服用一些不适合他的实验性的抗排斥药物，于是，接下来的几个月就变得更加艰苦了。十四个月后，他被诊断患有结肠癌，医生移除了他几乎所有的结肠，只留下了六英寸结肠……这真是一个无比漫长的手术过程，看来似乎没有终点。手术持续了整整十二个小时。”

瑞贝卡花了很大的力气使事情往好的方向发展，然而，几天后，詹森突发心脏病，需要植入三个支架治疗，这无疑是对这对恩爱夫妻的当头一棒。幸运的是，在经过了所有的这些磨难后，被植入的肾脏运转相对较好，这也是令人感到欣慰的。

在医院待了差不多一个月之后，詹森回到了家里，却意外出现了大出血。看起来，詹森似乎都没空休息一下，伴随而来的还有诸多并发症，那颗新植入的肾脏最终出现了慢性排斥反应。现在，詹森的离去只是时间问题了。

“我们又一次遭遇了致命打击。詹森一直跟我说，如果他不得不接受透析治疗，那简直就是要了他的命——不幸的是被他说中了。”瑞贝卡说。她一边继续自己的高压力工作，一边坚持每周带詹森做三次透析，并坚持亲自开车接送他。

“每次将詹森弄进轮椅和弄出来都是一个严峻的考验，上下车都需要用轮椅，他非常高大，身高六英尺五英寸，而我只有五英尺四英寸。走进那个地方简直就是一场噩梦，而看到他迷茫而孤单无助地坐在那里，这个情景是我一辈子都无法忘记的。”

瑞贝卡又一次鼓起勇气寻求他人的帮助了，她找到有可能最适合捐献肾脏的——詹森的第二个姐姐，这个在第一次时不乐意捐献肾脏的亲人。

她说“好的”，但是，在与她丈夫和医生讨论了一番之后，她又找出了各种各样的借口加以拒绝，詹森意识到她根本不愿意捐献自己的肾脏，于是他决定防患于未然。他告诉瑞贝卡说，当他告诉自己的姐姐，医生认为她年龄太大了，不适合捐献肾脏这个消息后，他从姐姐的声音里察觉到了一些宽慰的语气。瑞贝卡对我说："我怀着绝望的心情给他远在佛罗里达州的外甥女写了一封信，她已经二十八岁了，未婚。第一个给詹森捐献肾脏的正是她的母亲，所以我希望她的肾脏可以与詹森的相匹配。我向她倾诉了我的心事，并表明我不以这种乞讨为荣，只是事出无奈。我一直没有收到她的回信，终于，有一天她给我打电话说她不记得把我的信放在什么地方了。那可是我寄予厚望的救命稻草啊！她怎么可以把这么重要的东西随意丢在一旁呢！不管怎么说，她当时回复说她很乐意接受测试，不过，自那之后，我再也没有收到过她的任何信息，我想我也不能太苛求她了。"

随后，詹森又被诊断出患有肺癌。他的部分肺叶被切除了，要结合常规的透析治疗，这意味着他将变得越来越虚弱，全家人都注意到詹森的病情了。他的一个兄弟专程从纽约赶来看望他，而且非常乐意给他一颗肾脏，但可惜的是检测结果显示配型失败。随后，詹森的第二个姐姐和他的外甥女从佛罗里达州赶了过来，看到詹森日益恶化的病情，她们感到非常吃惊。

詹森和瑞贝卡两人都抱有希望——他的外甥女可能会提起捐献肾脏的事，然而——她自始至终都没有提起过这件事。瑞贝卡告诉我说，也就是在那一天，她相信她那始终坚强如一的丈夫真的放弃了。他知道自己已经丧失了创造奇迹的可能性，一个月后，詹森在睡眠中去了天堂。

“所以，这就是我不能宽恕的地方。不是因为他那个不愿意捐献肾脏的姐姐，也不是因为他的外甥女不爱他。我相信，她们肯定是很爱他的。我想也许恐惧是一个很重要的因素。但他是我的丈夫，这是他的生命，也是我的生命啊，因为他是我在这个世界上唯一拥有的、可以依靠的人，而我最后还是失去了他。那时，我想也许，仅仅是也许，她们中的任何一人都可以挽救他的生命。当你即将失去心爱之人时，你爱他胜过所有的一切，你以为全世界的人都会站起来说，‘我……我……请拿走我的肾脏吧，或者任何你所需要的东西！’”

哽咽中，瑞贝卡解释道，詹森去世后的五年里，她一直试图调整自己的心态。有时候觉得她已经宽恕了一切，又有一些时候，她会扪心自问：“为什么她们不帮帮我们？”

然后她提醒自己说，别人也有自己的家庭与生活，“而且，如果他们生活中出了什么事故，但是我也无能为力，那该怎么办呢？但是，这些对我来说一点作用都没有。这是我的世界，我的丈夫，别的事情都无关紧要。”

她明确表示自己还是非常爱詹森的家人的，不过，在内心深处，她止不住地想为什么他的亲人们不愿意帮一帮他呢。如果他们这么做了，那么也许詹森现在仍然能和她在一起——或者，至少她是这么认为的。

现在，她还是那么的悲伤，我这个局外人几乎都能感受到。我多么希望自己能有办法分担一些她的伤痛啊！但是，显然，只言片语的安慰难以抚平她的心伤。她为自己失去心爱之人而痛苦，为那些本来可以帮得上忙但最终选择袖手旁观的人感到悲伤。而她对自己的无法宽恕，更徒增了她的痛苦。

“多年以后，在整个事件中，我认为最难以宽恕的人其实是我自己。当时，我一定可以找到别的挽救办法，但是我没有。虽然我不是很清楚地知道有什么办法，但是在之后的生活中，我想我一直在寻找来自某个地方的一些征兆，这些征兆告诉我在当时的情况下，我已经尽最大努力做到最好了。

“所以，谈到对自己的和其他人的宽恕——我不确定会不会这么做，因为我总觉得有那么一点怨恨的情绪。因此，这看起来有点像不完全的宽恕——你猜？要么宽恕，要么不宽恕。”

我坚信，瑞贝卡并不知道她自己是多么出色，多么引人注目。她对挽救詹森生命而付出的努力并不是常人可以做得到的，我虔诚地祈祷她能再次展露出自己动人的笑容。

第三十二节 当家庭变成了战场

几个月前，我和一位朋友詹妮（Jennie）去拜访一位名气很大的通灵人，她也的确没有让我们失望。这些年来，我和詹妮预约了大量各种各样的“算命先生”和“千里眼”为我们答疑（不知道你们有没有注意到，这些人总是带着日子过得滋润又甜美的小狗？或者只有我发现了这点）。可以很坦率地说，这些资料并不值得我们专门亲自去采访。我要抱怨的另一点是这些算命先生从来不会住在我们附近。

你不得不驱车很长一段时间才能找到他们。这又是为什么呢?

于是，我们找到了莱斯利（Lesley），她住在郊区海边的一个不起眼的地点。经过几次会面，我们一致同意这个可爱的女人的确是个很真诚的通灵人——而且，她没养一只聒噪个不停的小狗。于是，詹妮回到家后，立刻给她的一位老朋友斯图亚特（Stuart）打电话，当时身为建筑师的斯图亚特还在波士顿，正面临着自己职业生涯中的巨大挑战。他准备在那个周末到达詹妮家，同詹妮及其丈夫待在一起，在百忙之中稍微休息一下。詹妮告诉斯图亚特说："你到这里后，一定要去见一下莱斯利，这是个很不错的通灵人。我先帮你预约一下。"她感觉这是斯图亚特必须要做的一件事。

在那时，斯图亚特对我来说还只是个普通的人名而已，一个被詹妮及其丈夫经常会热心提起的一个人。而且，我并不知道，自己随后会见到斯图亚特，从他那里听到了第一手的消息，关于他过着一种被仇恨彻底包围的生活，但是，在与莱斯利——这个通灵人——仅仅见过一次面之后，他就完全地宽恕了一切。

宽恕这个行为的发生分好几个级别。

几个星期之后，在听詹妮提到我在写这本关于宽恕的书后，斯图亚特主动提出想要会见我，我也抓住这个机会会见了他。见到斯图亚特时，他的脸上挂满了微笑，看起来像是一个终于走上正轨的人了。

“我今天来到这里的时候，感觉非常好，我一直在想，我为什么要这么做的原因，事实上我即将要告诉你的这个故事是这次行程的一部分，我的意思是说，也是这件事得以终结的一部分，所以，我希望你能与别人一起来分享这个故事。如果你和詹妮没有去找那个通灵人，她也不会告诉我这些事，很可能我也不会这么做。”斯图亚特开始讲的，便是在他成年之后他和他父亲之间的恶劣关系——这也是他需要去宽恕的最关键的部分。

当时，斯图亚特的哥哥基斯（Keith）六岁，他妹妹西尔维娅（Sylvia）四岁零八个月。他最早的记忆是自己五岁时，酗酒成性的父亲经常殴打自己的母亲。他的父亲看起来总是处于被酒精控制的状态，而且抽起烟来一根接一根没完没了，在他早上起床之前，他甚至要抽上三四根才行。而且，很多时候，他们根本就没有食物可吃，因为他的父亲总是喜欢打高尔夫球，还老是玩扑克牌，输掉了大量的钱。他的父亲频繁地更换自己的工作——先是在银行工作，后又换来换去，而后又开了几家加油站。

当然，他也经常殴打基斯，基斯曾因为无法忍受暴力而离家出走过几次。他打得最多的是基斯和他的母亲，不过当西尔维娅大一点的时候，也会打她。但是，他从来不打斯图亚特，因为他觉得斯图亚特看起来很陌生。然而，当听到斯图亚特补充下面的一段话时，我感到非常不舒服。他说："他不打我，这并不是一种解脱，因为我的周围已经被足够多的暴力所包围了，我已经被这种氛围伤害到了。你不需要通过肉体上挨打的这种方式来感受到暴力的存在。"同样让我感到不快的是斯图亚特对他父亲醉酒后的所作所为的一番描述。

"他根本不知道自己在哪里，有时他会从床上起来准备去卫生间，但是他走进了我的房间，然后直接尿在我的身上，他还以为自己是站在便池的前面呢。"我向斯图亚特表达了我对他父亲行为的痛恨之情。然而，他却不允许我对他那天晚上的受辱表示同情。他明确地表示，他不需要任何人为他感到难过。他仅仅是想把这个压抑已久的故事滔滔不绝地讲完。

“当他开了个加油站的时候，我会经常去那里，做一些力所能及的事情，有时，他会去酒馆喝酒，就由我独自负责这个加油站了（有一些技工照看我），当他回来时，往往醉得不省人事，甚至有几次开车的时候，他把我抱在他腿上，然后他负责转换挡位，让我来驾驶，因为他根本就睁不开眼睛。这倒是个很有趣的学车方法。

“有些事情你会宁愿自己失忆，因为你根本就不愿意去回想起那些可怕的过往。”

斯图亚特透露说，当家庭暴力过于频繁时，他的母亲好几次对他们说“我们赶紧离开这个鬼地方吧”，于是，她带着孩子们去了一个姨妈家里——或者，她们只是在外面逗留了一段时间，最后还是会回家的。

这个可怕的、愧为人夫和人父的男人，最终住进了精神病医院，接受电休克疗法，但最终也是完全徒劳无功的。

“他被送往精神病医院的原因之一，是他数次威胁说要自杀。当着我们的面，他拿着一把刀站在那里。他有很多古怪的行为，再加上他还有了外遇。尽管他没有把母亲、西尔维娅和基斯打得太严重，使他们住进医院，但是这也是一种精神上的虐待，一直都是一种折磨。

“通常，在加油站关门后，我们就早早地来到酒馆，然后就抱着我开车回家，给了我很多软心豆粒糖。我老是问他，‘为什么我不能走回家去？不过是翻一座山而已。’接着他说，‘不，你必须等在这里。’然后，我就独自一个人在那里等两个小时，我想这大概可以解释为什么我喜欢自己开公司了吧。

“他也经常玩高尔夫球，每次都让我帮他捡球；当他把一个星期的收入都挥霍在赌场的扑克机上时，我不得不坐在车里等他。他终于出来了，累得直不起腰，然后我们回家，那时他身上一分钱都没有。”

斯图亚特的父亲最后住进了一家老兵医院的精神病房里，而事实证明，治疗无效。他回家后不久，突然对西尔维娅、斯图亚特、基斯、他们的母亲和基斯已怀孕的女朋友宣布“你们所有人马上给我滚出去，现在就滚”。然后，他拎起西尔维娅扔了出去，然后又把其他人一个一个全都赶了出去，最后，斯图亚特的一大家子人都站在前院里，他砰的一声关上了门。

“就这样，这是我最后一次见到我的父亲。随后，他的情妇急急忙忙地搬了进去，并定居下来。我们没有衣服，没有生活用品，什么都没有。刚好，那时我的叔叔和阿姨不久前搬到了附近的一个城市，于是我们只得向他们求助，我的叔叔回到我们家里，帮我们拿了一些衣服过来，仅此而已。接下来，西尔维娅和我分别被送到乡下的一些亲戚家住了一段时间，直到母亲找到一份工作，把我们接了回去。

“后来，我们又住进了一个短期出租的房子里，只有两个房间和窝在一个角落里的小厨房。母亲和西尔维娅共住一个房间，我就睡在一个香蕉架子上。我开始给人送报纸，后来又搬了两次家，我终于有了一张自己的床了。”

我问斯图亚特，尽管生活并不富裕，但是没有家庭暴力的生活是否更轻松一些？

“当然，这是毫无疑问的，家人之间的相互支持和帮助也是非常重要的。母亲年轻又乐观，她对我们无私的支持是让人刻骨铭心的，也正是她的支持，让我渡过了这一切难关。

“随着我慢慢长大，憎恨的想法也逐渐发生了变化，我开始理解了身边所发生的事情的内在深刻理由。我每长大一岁，对他的憎恨就加深一层。我再也没有见过父亲，也永远都不想再见到他。当我十五岁的时候，对他的憎恨达到顶点。我甚至想，‘我根本就没有父亲……不对，我有，但他是个混蛋。’那种憎恨的确是加剧了。我甚至憎恨到了公开说这种话的地步，‘如果我在路上看见他，我一定会杀了他，让他为自己对我们所做的一切付出代价。’每次家人提到他的名字的时候，我都会忍不住说，‘我要杀了那个混蛋’——我对他的厌恶如此之深。

“幸运的是，在我近三十岁的时候，我遇见了我的妻子安杰拉（Angela），我们准备要结婚的时候，考虑到我父亲的行为，我一直在思考结婚意味着什么，最后决定要更改自己的姓氏。我对安杰拉说，‘我非常地痛恨他，结婚是一个与他划清界限的很好的机会。这是一个全新的开始。’我不想我的妻子或者孩子沾上他的名字。那是我当时心里的真实想法。这对我来说非常重要。

“为什么这些年来我对他的憎恨更加强烈了呢？我也无法回答这个问题。”

我从詹妮那里得知，斯图亚特和安杰拉有着非常美满的婚姻生活，而且他们对自己的孩子疼爱有加。我问斯图亚特，鉴于他从小就生活在一个充满暴力的家庭中，他是怎么样成为这样一个顾家的、有责任感的居家男人的。

“从很大程度上讲，是我的母亲、姨妈们和她们的家人给我树立了很好的榜样。

“长期以来，安杰拉一直劝我说，‘斯图亚特，你必须忘掉过去，放手吧。你的生活中不应该有如此深刻的仇恨，这样太消极了。’每次她劝我的时候，我都会说，‘安杰拉，他是个混蛋，我永远都不会忘记他对我们所做的一切，我永远都不会原谅他。’

“我的妹妹西尔维娅在近十年来也一直这么劝我。在她成年后，也经历了许多的磨难，她终于放下过去的仇恨，开始自己新的生活。她在苦难之中存活了下来，而且还宽恕了我们的父亲，这个事实的确是不同凡响。

“随着年龄的增长，这种宽恕的无力感越来越强烈，终于它处于平衡状态了。它就一直伴随着你，永远不会消失，每次我想起它的时候都特别难过。”

斯图亚特的母亲在十五年前死于一次较严重的脑出血，据斯图亚特说，她的母亲自始至终都恨着他的父亲。他补充道：“但我想他们必定曾经相爱过……我想她可能在年轻的时候比较容易去爱一个人吧。”

斯图亚特坦率地给我讲述了这个家族一直就有的遗传病史。他的女儿杰姬（Jackie）在过去的十年里一直患有抑郁症；他的妹妹一直试图自杀，但始终未遂，可悲的是，他妹妹的儿子突然自杀了，联系到之前他父亲的遗传精神病史，这些都是可以理解的。

“宽恕这个行为的发生分好几个级别，不过我们这里谈到的是关于个人的宽恕，因为最近发生在我身上的一些事情，我还专门通过旅行来追求一个结果……不过我的思想和人生观使我觉得很难去宽恕一些人和发生的一些事。尽管它可能跟我没有任何的关系，我还是认为有些人很‘混蛋’！比如说恋童癖，又比如说发生在伊拉克的虚假信息：一百万人的谋杀。难道我应该说宽恕布什（Bush）？到目前为止，我做不到。”

斯图亚特从来没有与莱斯利这样的人打过交道，他也不知道会发生什么。他没有告诉莱斯利关于自己的任何信息，然而，当他刚刚坐下后，莱斯利便说：“你的父亲和母亲都在这里，他们两人都说自己非常爱你，为你感到骄傲——尽管你的父亲可能站在后面一些，看起来有点害羞。你的母亲说她和你的父亲在一起而且他们很爱对方。”

接下来，莱斯利问他：“你的童年很不幸，而且你很讨厌你的父亲，对吗？”斯图亚特回答道：“是的。”莱斯利接着问：“你的母亲再次强调说他们很相爱，你的父亲也说那并不是他的错——他也是遗传了他家族的老毛病，而且他对发生在你身上的事感到非常抱歉，但是那只是他的身体上不受控制的反应，而不是精神上的真实意愿。”

“你的母亲说，你必须原谅你的父亲，因为你必须过好自己的生活，她说你务必要理解她和你的父亲确实很相爱。她希望你能原谅他。”

斯图亚特用一种平静的、缓慢而又有节奏的方式告诉我这些非常奇怪的事件。

“我对莱斯利解释说，我处在一段心路历程当中，我不知道下一步该去哪里；我遇到了困难，不知道该怎么办。就在诉说的那一刻，我突然感觉到头上有一股强大的压力，我的体温也快速地上升，我感觉到呼吸短促。随后我又觉得很舒心，感觉到关爱，我把这种感受描述给莱斯利听，她说，‘是的，你的灵魂向导正站在你的身后。’莱斯利把我的灵魂向导介绍给了我，我才得知原来他一直都与我同在。莱斯利补充道，‘你的灵魂向导说你需要去原谅你的父亲。’莱斯利说我必须写一张宽恕便条然后烧了它，这样我才能够在我的心路历程上继续前进。

“那一刻，我知道这一切都是真的，我突然感到无比的轻松平和。

“我回到家之后，仔细地思考了整个事情，然后告诉了安杰拉和孩子们，因为她们都知道我的心路历程。大家一直告诉我要原谅我的父亲，我花了两三个星期一直在想‘天啊，我不得不原谅这个混蛋以继续我的心路历程’。我想，宽恕这个过程应该不仅仅包括了表面上的原谅，还应该包括理解它的真实含义——事先的考虑和真诚。如果没有这样一种责任感，那么我是不会真正做到宽恕的。

“于是，我用铅笔写了一封信，又用钢笔另写了一封，然后走到野外把它们都点燃了，看着它们慢慢地烧为灰烬，在随后的时间里，再看着风将这些灰烬慢慢地带走。我不想讨论在那封信里我对父亲说了些什么，我只是想说，我承认那些身体上的反应是不受自己控制的。”

我请斯图亚特总结一下他现在的感受与之前相比有何区别。

“我想我终于接受了这一切，不过我非常高兴我这么做了。我觉得非常开心，感觉好像长期以来压在心上的重担被移开了。这个过程中很重要的一件事就是告诉我的妹妹，我终于宽恕了我的父亲。她笑着说，‘我就知道你一定会的。’于是我问她是怎么知道的，她回答说，‘我祈祷你这么做已经很多年了，而且我参加的祈祷组也一直都在为你祈祷。’”

我们即将结束交谈时，我不由自主地伸出了手，紧握住了斯图亚特的手，对他说：“恭喜你。”然后问了最后的一个问题：“你曾花了这么长的时间去恨一个人，你觉得难过吗？”

“我觉得没有那么多的时间去仔细思考这个问题，但是从这个方面来讲，正因为我们经历过这一切，我们才成为现在这样的人，如果没有那个‘包袱’，我不知道自己会成为一个怎样的人，而且我不得不说我现在有个很成功的人生，我非常开心，我如今拥有了一个温馨美满的家庭。

“你问我是否感觉到遗憾，这个，结合我目前的感觉，对比以前的感觉——毫无疑问。现在这是一种非常美好的感觉。”

第三十三节　抓住机会，勇于改变

在内心深处，我想我对这个世界上像斯图亚特这样的人的故事如此着迷的一部分原因就是，我希望他们的美好德行不要那么光芒四射、引人注目。因为你知道，我也完全理解自己在普拉提课程上选择安静的方式去对待在后面讲话不止的人，我不值得表扬。与很多人经历的事情相比，这些不过是“小儿科”罢了。

随着我慢慢领悟了这些我有幸得知的故事中所蕴含的深刻道理后，一个永恒的主题又浮现出来了——当人们最终决定继续自己的生活时，有一个非常重要的因素在影响着他们。那就是当人们决定了去宽恕那些带给他们痛楚的罪行后，无一例外地，这使得他们可以拨开云雾，重见天日。

这是我的看法：每一次，我们释放一些对别人的怨恨，不去计较别人对自己的冒犯，这样，我们就离真正的宽恕更近了一步，不管我们曾经受过的伤害有多大，这种宽恕总是有可能的。所以，养成这样一种良好的习惯，即及时地消除我们对很小的、零碎的背叛行为的怨恨，这样，当一些严重的背叛和其他的恶意行为发生时，我们就可以用一种比较成熟的方式来应对和处理了。

一个永恒的主题又浮现出来了——当人们最终决定继续自己的生活时，有一个非常重要的因素在影响着他们。

我永远都不会忘记，当阿德里安娜和斯图亚特描述宽恕他人之后的那种自由感时，他们脸上流露出的那种舒心而欣慰的笑容。同时，我还产生了这样一种想法，即当他们决定释放过去的痛苦、重新展望未来时，一切皆有可能。

然而，像我这样一个宽恕行为的观望者，没那么容易通过耳濡目染就变成一个真正能够宽恕他人的人，仅仅是见见那些做了一些勇敢的事情去消除怨恨痛苦的人，或者读读他们的故事，对我们的转变起不了决定性的作用，对我来说，我对改变自己、尝试做一些别的事情而乐此不疲。对减肥而言，我也是这样：我吃了大量广告上的减肥药品，只要是电视上有关胖人减了一半体重的节目，我从来就没有落下过，仿佛我只要通过被动地观察，就可以让我变得更加苗条健康一样。

别人只能从客观上去激励我们，但是我们最终还是需要自己从沙发上站起来，勇敢地迈出坚实的一步，采取一些措施，因为那种激励除了娱乐价值，意味着更多的力量……然而，有很多时候，那些故事是那么震撼人心，而我们，却只是无动于衷地坐在沙发上，不能身体力行地真正做出这些英雄般的行为。

第三十四节 富有的女人

当我第一次听说英格丽德·贝当古（Ingrid Betancourt）在哥伦比亚丛林（Columbian jungle）被囚禁了六年之后，最终得到营救的事时，我的第一反应就是想到了这一节的标题：富有的女人。当她强烈要求访问被军用飞机所严密监控的前非军事区时，她正在竞选哥伦比亚总统。帕斯特拉纳总统（Pastrana）及其副官们拒绝了她的这个请求，理由是一旦出现了非军事区（DMZ）的夺回行动，在混乱中，即使是哥伦比亚陆军（Columbian Army）也无法保障其安全。于是，她决定和一些政治副官们从陆路到达那里。

在到达最后一个军事检查站时，他们被拦截下来，当地军官坚决阻止他们进入圣威先得（San Vicente del Caguan），也就是那个用于和平谈判的村庄。而贝当古无视他们的警告，继续自己的行程，当她到达一个被哥伦比亚革命武装力量（FARC）所控制的检查站时，她被捕了，在此后的六年里，她被绑在哥伦比亚丛林的一棵大树上，因为头顶上布满了郁郁葱葱的枝叶，她这六年来一直没有见过阳光。

终于，与她同行的四个伙伴（前政客）被释放了。他们四处奔走，不断表达对英格丽德·贝当古健康的担忧，其中一人甚至描述说她"身体和斗志都已经到了极限"。他们多次描述贝当古是如何惨遭虐待的："他们（绑架者）把所有的怨恨都发泄到她身上，惨无人道地把她绑了起来。"另外一个同伴说贝当古已经患上了乙型肝炎，濒临死亡了。

面对一颗充满了无限关爱和宽恕的心灵，人们还能说些什么呢？

六年后，她的家人长期祈祷的日子终于来了，贝当古和其他三名美国人质被释放了。面对全国各地的新闻媒体，贝当古毫不回避闪躲，她也坦率地提及自己在被俘期间所遭受的非人待遇和折磨。

被释放的人质也表明，在被俘期间，他们大部分的时间都是用来阅读《玫瑰经》（一种天主教徒用于致敬圣母玛利亚的祷文）。贝当古说：“我深信这是圣母玛利亚（Virgin Mary）赐予我们的一个奇迹。我很清楚地知道，她一定会帮助我们渡过难关的。”她的这句话被广大新闻工作者多次直接引用。在被释放的几个星期之后，贝当古和她的家人开始了一段朝圣者的旅程，她们来到卢尔德（Lourdes）表达自己的感谢，同时，也为那些抓捕者和保留人质生命的人而祈祷。

我忍不住重复道：在他们折磨她长达六年之久后，她居然还为那些抓捕者而祈祷！面对这样一颗充满了无限的关爱和宽恕的心灵，人们还能说些什么呢？

仅仅是数天之后，在哥伦比亚独立日（Colombia’s Independence Day）的那天，英格丽德·贝当古为哥伦比亚革命武装力量带来了一个好消息，那些折磨她的抓捕者敦促他们的领导阻止此类流血事件的再度发生。

“是时候放下武器，化干戈为玉帛了，让我们用宽容和尊重来代替武器，普天之下皆兄弟，总会有办法让我们在这个世界上共同生存，在哥伦比亚共同生存的。”

奇怪的是，在贝当古向哥伦比亚革命武装力量发出和平请求的第二天，我注意到报纸上还报道了东帝汶总统（East Timorese President）拉莫斯·奥尔塔（Jose Ramos-

Horta）发出宽恕的请求，他号召东帝汶（East Timorese）的人们勇敢接受这样的一个事实：对他们滥用暴力的印度尼西亚人（Indonesia）永远都不会努力去改变什么。

印度尼西亚人对自己滥用暴力这一点从来都不会说“对不起”，认为像东帝汶这种弹丸小国无权要求他们做出道歉。我提到这些故事是因为，对我们所有人来说，如果冒犯者根本不会道歉，那么很显然，我们也很难去宽恕他们。

第三十五节 生活之上，复仇以外

如果那些伤害过我们的人看起来并不是真的充满歉意，那么，很难想象，在我们消除了对他们的怨恨的同时所附带的挑战。或者，更让人苦恼的是，我们只是想不明白他们为什么要这么做。

当他写下“我决定不再继续生活在这种复仇的状态之

中”时，这一天真的来临了。

毫无疑问，如果我们得不到别人的任何解释就选择去宽恕他人，这需要很大的勇气，这也不是任何人都能做到的。当然，这也只是一个猜测，因为我自己也尚未达到那个境界，不过，这听起来像离宽恕的启蒙思想不远了。

任何的渴望和遗憾永远都不可能改变一些既定的事实，我们必须接受的一点是，人生并不总是按照我们希望的方式在发展，能够接受这个观点就是一个新的起点。

我是多米尼克•邓恩（Dominick Dunne）的忠实粉丝，他对我的影响胜过其他任何一个作家。多米尼克•邓恩在写纪实的犯罪小说时，被大众认为是纪实犯罪小说已经发展到了一个巅峰阶段，而他记述自己的女儿、演员多米尼克（Dominique）被谋杀的故事，无疑是最为感人的一部作品。

在与洛杉矶大厨约翰•斯威尼（John Sweeney）发生一段不正当的恋情之后，多米尼克结束了这段感情；随后，几个星期之后，斯威尼因为多米尼克拒绝跟他言归于好，在多米尼克家的车道上袭击了她，并导致其严重窒息。几天后，多米尼克在医院去世，年仅 22 岁。

斯威尼以过失杀人罪被起诉，最终被判入狱六年半。因为在定罪之前获得过一些荣誉，实际上他只服刑四年。

一个月前，我看到了一部关于邓恩先生的纪录片，他在片中坦率地讲述了自己在女儿被杀之后的黯淡日子。他万分的痛苦，每天都盼望着看到凶手遭受报应，甚至想到过要动用非法手段去伤害那个坏蛋。而当他写道“我决定不再继续生活在这种复仇的状态之中”时，这一天真的来临了。

这是一个多么华丽的转身啊！我想他也是从那天起，让自己的心灵自由了，开始了全新的生活。

第三十六节 有条件地宽恕

邓恩事件让我想起加里·林奇（Garry Lynch），另一个非比寻常的人物，他也是一位失去了女儿的父亲，他那年仅 26 岁的女儿被歹徒以暴力杀害，最终，他也从复仇的状态中走了出来，但是，他实在是无法对那五个先强奸、再虐杀了他美丽的女儿阿妮塔（Anita）的混蛋伸出友谊之手。

这是一个很漫长的审判，我旁听了一部分庭审，那五个罪犯因为对阿妮塔所做的惨无人道的卑劣行径而被判刑。阿妮塔是一名医院护士，在回家的路上遭到他们的绑架。他们轮流玷污了这位漂亮的公主，随后将她弃置野外，如同从窗户丢弃垃圾一般。而更恐怖的是，在诉讼过程中得知，这几个人渣曾经在一只羊的尸体上发泄过他们的邪恶欲望，这只羊是从一家屠宰场偷来的。

有一次，在法院吃午饭期间，我遇到了加里·林奇和他的妻子佩格（Peg），我想，他们肯定幻想着雇用一名专业杀手冲进法庭，一举击毙那几名人渣，尤其是考虑到林奇夫妇以后不得不每天都将沉浸在女儿惨遭蹂躏、杀害的痛苦回忆中。我觉得自己真的是无法想象他们此时此刻所经历的痛苦。

我们产生疾病和沉溺于痛苦的根源就是长期以来的仇恨和怨愤。

在审判时，法官毫不掩饰他的轻蔑与鄙视：“此案中，除了人身羞辱之外，毫无疑问，五位被告还强加给这位年轻少女极度的伤害和恐吓，她是一名多重受害者，遭遇到了长时间的性虐待和性攻击，包括肛交、口交和阴道轮奸。”

“野生动物经常会有杀戮和攻击行为，”法官对数量庞大的旁听者们说，“这是最恶劣的情况之一，即便不是最恶劣的，那也是我四十年职业生涯中所见过的最恐怖的人身侵害和性攻击行为。还有一点使这个犯罪行为更加令人发指，那就是在整个施暴过程中，受害者一直处于完全清醒的状态。”

“在整个漫长的审判过程当中，五名被告没有流露出丝毫的悔恨和内疚。相反，人们发现他们还时不时地相视而笑或者暗自窃笑不止。”

这五名被告最终全都被判处终身监禁，而且他们应当“永远不得假释”。

从法律上讲，正义已经得到了伸张，然而，像此类案件中受害人的父母又怎么做到一如既往地过好自己的生活，而不梦想着以更好的方式去惩罚那些恶贯满盈的凶手呢?

几年以后，我去林奇家里，为了写一封感谢林奇先生的信，感谢他在创建一个帮助受害者组织过程中所付出的努力。他和他的妻子也谈到了他们近期准备前往印度的旅行，他们信仰了东方的宗教，这才使他们不至于立即疯掉。我想，这便是他们的救命药吧，正如加里·林奇所说，这使他们宽恕那些杀害阿妮塔的畜生的“灵魂”，尽管如此，他们还是划出了一条严格的界限，即永远都不会原谅那些不共戴天的凶手。

如果有条件地宽恕是我们可以做到的最好的事情，那么，有时候这就已经足够了。

第三十七节 不管遭受多少伤害，都要学会宽恕

在加里·林奇的葬礼上，肯·马斯路也出现在拥挤的教堂中，前来纪念他的老朋友。自从肯年轻的儿子迈克尔·马斯路在附近的一家比萨饼店做兼职后，肯和林奇就认识了，此后，他们一直都是很好的朋友，坚定不移地支持着对方。有天晚上，四个年轻人来到了比萨饼店，开始实施抢劫，混乱之中，迈克尔不幸被子弹击中——凶手用一把0.12英寸口径的猎枪近距离击中了迈克尔的后脑，他当场死亡。

迈克尔的父亲肯，在随后的采访中表示："我一直都在想着报复这件事，我能体会得到，我能感觉得到，我一定要报复，我日思夜想的就是报复。我的生活一直处在愤怒、憎恨和报复之中。这也是我一直在思考的问题。当我早上起床的时候，我心里想的是报复；我开始新一天生活的时候，想的还是报复；当我晚上睡觉的时候，一整晚想到的依然是报复。"

然而，随着岁月的流逝，肯还是设法走出了阴影，这个过程激励了数以万计的人们。他不仅成立了一个反暴力组织，他和迈克尔的母亲，以及一些罪犯的父母定期参加监狱里的电视会议。这种电视会议是我以前从来没有见过的，一方面，有的人向受害人家属致以衷心的歉意，另一方面，受害人家属也真诚地宽恕了他们。

自从肯·马斯路不再被憎恨和复仇的重担束缚后，他有了充足的时间来帮助他人，这也是他目前日复一日在做的事情。这是一个结局比较圆满的故事，但是，细细体味人就会感觉到其中无尽的痛苦和无助。

就在不久前，杀害迈克尔的凶手之一，卡尔·克雷默在服完15年刑期被释放的当天，肯·马斯路来到监狱门口来迎接他。肯同凶手握了握手，这个镜头被随行来参加会议的电视节目组捕捉到了。随后，新闻媒体大肆报道说肯胸襟非常开阔，可以心平气和地向杀害儿子迈克尔的凶手伸出友谊之手。而我本人，也为这种非比寻常的“包容”与宽恕感到无比震撼。

然而，我无法假装没有听到收音机里第二天播放的关于迈克尔悲痛的母亲琼（Joan）的采访内容。琼无法理解前夫竟然可以如此高调地迎接那个凶手出狱，那个凶手是如此心狠手辣地杀害了自己的儿子迈克尔。更让她感到愤怒的是，前夫马斯路竟然还邀请了一组摄像人员来专门记录那个欢迎的时刻。直到那时，我才开始思考一些问题，我发现，当宽恕他人的过程对一些无辜的人们造成了伤害时，我对宽恕的正义性产生了质疑。

从我做过的一些研究来看，当至爱的人遭到杀害或致残时，人们总是很乐意看到凶手被绳之以法，这样才能稍微安慰一下他们受伤的心灵。但是，一旦人们觉得对凶手的处罚过轻，或者出现缓期执行，更有甚者，如果凶手免受处罚时，那么对他们的宽恕也就变得遥遥无期了。

我不知道他们是怎样做到的，但是，有时候悲伤的父亲在法庭外面接受采访时，也不考虑凶手会受到哪种处罚，他们说自己并不是很难过。难道是这些人天生就跟常人不一样，抑或是他们因为自己所受的痛苦而变得伟大？

最后一个吸引我目光的是尼尔（Neil）和菲奥娜·法拉格（Fiona Faragher）的故事，他们年仅18岁的儿子安德鲁（Andrew）死于一场车祸，而凶手是一名酒后驾车的司机。该酒驾司机被判服刑三年零四个月，这处罚看起来完全抵偿不了一条人命，但是，在法庭之外，安德鲁的父母说，他们感觉“既没有痛苦，也没有仇恨”。

法拉格先生对一名新闻记者说：“当他清楚地了解到安德鲁的死因后，我知道，不管怎么说，他都不是有意要去伤害安德鲁的。我原谅他的行为，也希望他为自己的疯狂举动而忏悔，这毁灭了他自己的家庭和我们的家庭。在他此后的人生中，他会时时刻刻感到内疚。他自己的生活被毁了，这个惩罚对他来说也足够了。”

当人们看到凶手被绳之以法，这样才能稍微安慰一下他们受伤的心灵。

同样引人注目的是法拉格夫人所说的话，她补充说自己对凶手判刑过轻的事实已经不再感到气愤了，她说：“这已经改变不了任何事情，也不可能把安德鲁带回到我们身边了。”

与上面的故事相比，更让人难以置信的是来自蒙大拿州的玛丽埃塔·吉佳（Marietta Jeager），她竟然与那个折磨并强奸了她七岁的幼女苏西（Susie）的凶手握手言和。那个歹徒残忍地杀害了这个年幼的小女孩。如果这些细节没有让你感到震撼的话，再看看这个吧：这个疯狂的禽兽居然在苏西去世一周年的忌日当天打电话给玛丽埃塔来嘲弄她！

玛丽埃塔难道没有诅咒他，或者告诉他上帝已经在地狱里给他留了位置吗？不，玛丽埃塔只是简单地问他：“我能为你做些什么吗？”随后，他们在电话里交谈了长达一小时。

玛丽埃塔坚持认为自己对他的宽恕是发自内心的，她心里已经平静了下来。看来她在宽恕这个问题上下了很多功夫，这一年来，她一定是在不停地祈祷。不久后，她解释说：“事情完全发生了改变，因为他的本意是打电话过来寻找一点乐趣，然后就挂掉。而他没有想到的是我居然会问他我能为他做些什么。他开始压抑不住地哭了起来，也就是在那时，我才意识到自己身上发生了一个奇迹。他不断地请求我挂断电话，但是我并没有这么做，因为这是我跟已故女儿唯一的联系。”

在交谈中，为了让警察抓捕到他，凶手有意透露了大量的相关信息。没多久，他在监狱里自尽了。

在这个事件中，不仅仅是玛丽埃塔痛失了自己的掌上明珠，这是一种无法言表的悲痛；更可惜的是，她的丈夫也因为失去爱女而郁郁寡欢，不久就突发心脏病去世了。这是她为什么渴望得到补偿的原因：“一旦人们的心中充满了报仇的想法，那么就又多了一个受害者。我不想人们为宽恕这个问题寻找太多的借口，因为我知道宽恕是一份美好的礼物，是它将健康和有益健康的东西带到我的生活中来。”

玛丽埃塔相信，在经历过丧女之痛后，选择宽恕他人是保证我们自己身心健康的唯一办法。她说：“越来越多的医疗实例告诉我们，导致我们疾病和沉溺于痛苦的根源，就是遗留下来的憎恨和怨愤。我们选择宽恕首先是为了自己的利益。不仅仅是我们的精神状态要求我们去宽恕他人，更是因为带着憎恨去生活，本来也是一种极度不健康的生活方式。”

玛丽埃塔·吉佳与其他人共同成立了一个“谋杀案受害者家属和解组织”。其中，成员之一是苏诺顿，她宽恕了罗伯特·奈顿，这个杀害了她的父亲和继母的人。

在俄克拉何马州陪审团宣判奈顿死刑的一个小时之前，苏诺顿站在他的牢房门口，握住了他的双手。我看到一个关于她的采访，其中，她说道："我意识到，即使将他千刀万剐，也丝毫不能缓解我心里的伤痛。"

当陪审团还在商讨如何对奈顿判刑时，苏诺顿请求与奈顿见面。苏告诉奈顿的第一件事就是她不恨奈顿。她说："我这一生中从来没有恨过谁，而且我也不打算从你开始。如果你觉得自己很愧疚，那么我原谅你。"

然后，她把手伸进了狭小的牢房里，握了握奈顿的手。

第三十八节 享受生活

我不得不强调现在我有多么开心，我尽量保持信息畅通，以便寻找那些有宽恕相关故事的人。不管别人对他们造成了多大的伤害，他们当中有一些人最终都选择了和解，而不是报仇。

我也很容易接受这种鼓舞，从我了解的这些故事中，我看到那些勇气可嘉的人们，想尽办法来摆脱伤害，最终很可能会理性地做出一个完全宽恕的决定，而不是其他结果。

而且，意识到这一点是多么让人感到兴奋啊！我们可以在我们力所能及的范围内不断学习，或者在自己生活的圈子里——不管这个圈子是大是小——坚持自己的观点。我们没有必要跑到世界的另一端，只是为了被那些承受巨大压力，但貌似很有尊严、很勇敢的人们嘲弄一番。

有一天晚上，当我开始写这个主题的时候，我正在和一位好朋友煲电话粥，随着我们交谈的深入，我突然意识到一定要把当时听到的这一切写进这本书中。雅基耶·埃弗里特（Jacquie Everitt）是一位无所畏惧的人权律师，她胸怀广阔，博爱无边，尤其是对一个极度受惊的难民家庭表现出了极大的关心，历经重重困难，她终于成功地伸张了正义……将近十年过去了，那一家人已经不再对过去被伤害的事情感到气愤了；然而，他们的辩护律师雅基耶看起来并没有宽恕凶手的罪行。这是一个非常有趣的对比。雅基耶坚定不屈的信念，令这个案件吸引了世界各地媒体的广泛关注。

第二天，我给雅基耶打电话询问我能否对她做个专访，她很愉快地同意了。雅基耶是我很崇拜的那一类人：有着聪明的头脑，为人和蔼可亲而且诚实正直。而她自己似乎并没有意识到自己是多么的与众不同。她给人的印象是这样的：她和她的丈夫蒂姆（Tim）被七个孩子包围着，当第七个孩子出生后，雅基耶开始去上大学，学习法律专业，因为她毕生的梦想就是成为一名人权辩护律师。下面要讲的只是她的人生故事中的很小一部分，而正是这一部分导致她在宽恕他人这个问题上遇到了困难……在我的卧室里，我们一边品着生姜茶，吃着香蕉面包，一边听她将故事的经过娓娓道来。

雅基耶刚刚从东帝汶回来。自从东帝汶脱离印度尼西亚并举行公民投票后，雅基耶就一直在一家人道主义援助机构工作，在该机构担任副主任的职位。在那里，她见惯了频发的暴力事件——大规模的谋杀、强奸、肆意纵火和杀戮行为，而且她在马来西亚（Malaysia）和越南（Vietnamese）的难民营里都见过类似的暴力行为，这些场景在她脑海里挥之不去。雅基耶说："我们在东帝汶开设了许多诊所，那里的每个人都处于极度受惊的状态——他们的思维都变得呆滞了。他们非常被动，不愿意开口说话，也根本不愿意回答你的问题。我遇见的第一个男人是这样，那个被强奸的女人也完全如此……在东帝汶，每年都有大量的当地妇女被印度尼西亚人强奸。有很多妇女在被强奸后生下了孩子，这些孩子被医生称为‘PE’，即无处不在的痛苦——这简直就是一种无比痛苦的、活生生的折磨。”

雅基耶回家是因为她的父母不幸去世了。

“当他们去世时，我更加明白了生命的宝贵，我也意识到我不仅仅要珍惜自己的生命，同时也应该尽量去帮助别人。我知道这听起来有点大言不惭，而且我说的时候也感到有点羞愧，但是这的确是我父母的去世所带给我的影响，让我进一步认识到人的生命是神圣不可侵犯的。”

那时，雅基耶已经取得了法学学位，但她当时并没有做相关的法律工作。在她父母亲的葬礼结束后，她自愿在一家法律服务社区工作。不久后，她取得了一份固定工作，也正是这份工作将她带到了难民监禁营。

“当我第一次到难民营的时候，我看到难民们脸上有着同样痛苦的神情，我也注意到那里的环境简直糟糕透了。我目不转睛地看着一切，对和我一起来的那个律师——她教导我成为一个难民律师——说，‘这些人都受到了极度的惊吓。’她居然回答，‘哦，是吗？’我感到无比的吃惊，她竟然没有注意到这些情况。”

雅基耶不敢相信，无辜的孩子竟然被关了起来，还被卫兵监视着。

“回到办公室之后，我就在想，这简直太残暴了。几个星期后，我在报纸上读到一篇说服力极强的关于阿梅尔·苏丹（Aamer Sultan）博士的报道，他也是被关在难民营的囚犯，是一位来自伊拉克（Iraq）的医生。于是我迫不及待地给他打电话希望能与他见个面。阿梅尔·苏丹是个非常有魅力的男人，尤其是在宽恕方面，因为他宽恕了每一个人。

“他非常聪明。当我跟他谈起那些孩子的时候，他叹息道，‘哦，提到孩子们，这是最糟糕的事情了。事实上，我正在对这些孩子做研究，随后会写出一篇相关问题的论文。’

“我请求能见一见几个孩子，因为我自己也在攻读宪法硕士，并解释说我希望能写一篇关于难民营里的孩子们的论文。他说，‘你想见见孩子，是吗？但你肯定不会相信这个事实：这里有个孩子患有紧张性精神官能症。’”

于是，雅基耶便有了第一次认识来自伊朗（Iran）的卜德瑞（Bedraie）一家人的经历。那个可怜的孩子——沙言(Shayan)已经被送去医院五六次了，因为他拒绝吃东西。沙言只有六岁，但已被监禁了十八个月。

雅基耶坦率地告诉我说，这一家难民的状况跟她本人是毫不相干的。“刚开始，我对他们身上的故事根本一点不感兴趣，也不想跟他们扯上任何关系，我最开始跟他们接触只是为了做好自己的本职工作——获取法庭上所需要的材料信息。”

当雅基耶看到沙言后，这种最初的接触很快就超出了想象的范围。“我知道他就要死掉了。”雅基耶解释说。

“我看着他，突然感觉好像有把利箭从脚底板射入，穿过我的整个身体。这是一支多么冰冷的利箭啊！我一动不动地站在那里，目瞪口呆，一时间竟说不出任何话来。沙言就像一只木偶一般奄奄一息地挂在他父亲肩上。我转过去看到他的头无力地耷拉着，我把他的手放进我的手掌里，感觉他的双手冰冷如铁。

“那一天，格外的阴冷、潮湿，地上到处都是烂泥，看起来非常恶心。你每到一处，难民营屋檐上的雨都会倾盆而下。到了沙言家，我打招呼说，‘你好，沙言。我一直都非常期望能见到你。’他毫无反应。于是，我用手在他面前晃来晃去，还是毫无反应。那一刻，我唯一想做的事情就是大哭一场。

“沙言的父母非常沉默被动，像温驯的羔羊，他们看起来就好像并不知道发生了什么事情一样。他们将他们看到的事情和他们经历过的遭遇讲给我听。然后，他们只想尽快地摆脱我，因为，对我讲起这些事使他们被迫重新面对他们所经历过的残酷而恐怖的一切。

“我在想，他们为什么不尖叫呢？他们为什么不捶击那些卫兵的胸部，然后喊道，‘看在上帝的分上，帮我请个医生。’但是，随后我就意识到他们肯定做过这些事，但是情况并没有得到丝毫改善。

“当我离开难民营的时候，我一直都在哭泣，居然会发生这样的事情，我感到非常羞愧和心痛。我是一个非常幸运的女人，受过高等教育，知道如何为人处世；这种情况绝不可能发生在我的孩子身上，绝不可能——但是这种情况已经发生在沙言这个不幸的孩子身上了。

“难道他就没有我的孩子那么值得关爱吗？难道仅仅是因为他们父母亲没有持有合法的官方证件——这是人命关天的事吗？他只是个无辜的孩子呀！”

雅基耶下定决心，她不能对这个男孩和他的家人坐视不管——尽管她知道自己可能什么也做不了，因为她清楚自己的法律知识技能相对缺乏。而且，她很清楚地意识到这一家人的难民身份申请书已经被驳回了。雅基耶说："但是，对我来说，这些都并不重要啊，这个孩子病得那么重，我想这肯定是跟他看到的那一幕有关系。他曾在集中营中亲眼见过一个男人用刀挥砍自己的手腕，鲜血喷涌而出。他以为那个男人死掉了，但事实上并没有。就是自那以后，他开始患了紧张性精神官能症。他开始绝食，而他的父母也不知道该怎么办。

"在我离开的时候，我对他们说，'我保证你们一定会离开这里的。'但是，我不知道自己该怎么去做，只是心中有一个坚定的声音说，'一定要把那个孩子治好'。"

在这个地球上，每时每刻都有数以万计流离失所的难民遭受着巨大的痛苦。雅基耶知道这一点，但是目前，只有卜德瑞这一家跟她联系紧密，这一家人也是她最为关注的。她实在是放不下，无法只身走开。

身为记者和律师的雅基耶发起了一场轰轰烈烈的运动，她向公众展示了一些沙言的照片，以及她偷偷溜进难民营里拍摄到的照片。不久，此事便引来了世界各国媒体的极大关注。雅基耶说："这些照片跟我在纳粹大屠杀纪念馆（Holocaust Museum）里看到的照片差不多——但是他们穿的衣服不一样，但是你会觉得自己看到的是相同的东西。而且我真的有一张那个男人很吓人的照片，就是他刚刚砍伤自己手腕的那个画面。

“此外，沙言的母亲还给了我一些其他的照片，有一张是他们家的两个孩子正在哭泣的画面，周围都是铁丝网，还有一个拿着警棍的卫兵在监视着他们。沙言曾看到这些警棍在集中营出现暴乱时派上了用场。照片中，那个卫兵正对着一个对讲机乱吼乱叫，另外还有一个牢笼一样的货车也出现在照片里，沙言就是被这辆车送到医院的。

“沙言的病不断恶化，他被带往医院进行了九次治疗，但没有一次是正规的治疗。看吧，对任何一个实地考察过这里的人来说，整个难民问题就是一件很让人感到羞愧的事，而最让我感到不可思议的是还有人愿意在这里工作，而他们并没有发出呼吁，也没有向外界透露任何信息，可他们收入丰厚。事实上，我更能够原谅那些工作在那里的卫兵们，而不能原谅那些公职人员。”

从雅基耶在那个阴冷而潮湿的日子见到沙言和他的家人后，她就在心里暗暗下定决心一定要帮他们一把。不久后，网络、电视就都会播出沙言的凄惨故事了。

“这个孩子已经被转移到卧室里了，他已经被人发现——不可能再被藏起来了。”雅基耶回忆说。

我会原谅他们吗？不，而且我认为我不应该去原谅他们。

“但是现在我非常的生气。因为我期盼着，这个故事预期的反应应该是那些儿童精神病专家、护士、老师、医生——那些所有关爱孩子的人们公开反对这种对孩子不利的情况。我期望他们能站起来大声说，‘停止这种暴行！再也不要出现下一个像沙言这样的孩子！’——然而，我期盼的事情最终却没有发生。”

沙言被送入寄养所了，他甚至比以前更加担惊受怕。摧残幼小儿童的一幕戏开始公开上演了，而雅基耶正在努力地通过法律渠道来解决这个案例。雅基耶说：“沙言家变成了我的家。当你成为一名支持者的时候，这件事就会耗费你大量的时间和精力——代价就是牺牲掉你生活中的一些别的事情，更确切地说，是牺牲掉了我本应陪伴自己亲生孩子的时间和精力。我的丈夫是一个很好的男人，他时刻充满了激情，他也是位很慈爱的父亲；但是这也改变不了我不顾自己的孩子去照料别人的孩子的这个事实——但是这个孩子正处于危险当中——于是这就成了一场战役。我已经完全无所畏惧了，我是一个中产阶级，并且是受过良好教育的女人，他们能对我怎么样呢？我的生活相当优越。”

最后，卜德瑞一家要求获得难民身份的申请被当局重新审核，随后先前对其一家的认定都被推翻了。卜德瑞一家被认为是非常真诚的寻求庇护者。

“帮卜德瑞一家取得难民身份花了我较长的时间，不过我还希望他们能将这个事实诉诸法律，要求对沙言进行赔偿——因为这是一个文明社会应该要做的事情。如果有人受到了伤害，而你又不能还给他一个欢乐的童年，那么你应当给予他一定的金钱作为补偿，来为他以后的生活提供一些安全保障。

“我花了很长的时间来说服卜德瑞一家这么做，最终我们走上了法庭。他们（当局）千方百计地阻拦我们，企图进行庭外调解。这整整花了八个月的时间。”

沙言现在已经十三岁了，是一所实验高中的学生。在他童年（五岁到七岁）时承受了较大的压力和伤害，这使得他与同龄人相比表现出了较大的差异，现在他有很多东西需要加速赶上来。我曾在雅基耶举办的宴会上见到过他，他穿着运动鞋、戴着棒球帽，看起来精神非常好。卜德瑞一家人现在过得也不错。他们有一栋房子，感觉非常安全，他们热爱这个家。

雅基耶现在也不感到气愤了，但是她真的宽恕了这一切吗？

“不，我没有宽恕这一切。我没有宽恕那些官僚主义者。我记得他们每一个人的名字，因为我在法庭的文件上看到过。他们怎么可以允许这样的事情发生呢？怎么可以？！”

我问雅基耶，如果在当时情况下，她可以宽恕他们，那她还会不会坚持起诉他们呢？

“我认为我保持愤怒还有另外一个很重要的因素，那就是这种事情还可能再次发生。

“我曾经接触过纳粹大屠杀中的幸存者，他们经常去我以前住过的那条街上的一个很小的犹太教堂。每当他们经过的时候，我总是会同那些老人们聊天，我发现他们每一个人都宽恕了纳粹党。但是，我也曾遇到过当年在大屠杀中幸存的孩子们，他们没有宽恕纳粹党，而且永远也不会宽恕他们。我觉得我也属于这样不选择宽恕的人，因为这是我们保持永久警惕性的现实需要，此外也是因为还有很多罪大恶极者没能被绳之以法。

“就算那些人已经八十六岁了也应该被绳之以法。因为一旦出现问题就让那些执行上司命令的人来承担，是很不可取的。你不能说，‘我们只是在执行命令。’纽伦堡的法官可不吃这一套。”

卜德瑞一家已经完全不再感到气愤了，他们已经宽恕了一切。雅基耶想，他们大概永远都不会像她那样气愤得暴跳如雷吧。他们拿新生活赌了一把，被赶出了自己的祖国。他们可以接受被监禁起来，他们知道可以申请难民身份，他们知道这一切都会发生，只是当这一切都没有发生的时候，他们很侥幸地感到欣喜。他们并不能理解我的所作所为。

“他们是被人控制的、很消极的一类人，他们忘记了过去。是的，他们宽恕了一切。”

保留着这一份怨恨是否使得雅基耶的生活止步不前了呢？

“这件事情花了我整整八年的时间，我一步一步地走来，每一步都是无比艰辛，甚至危及我的生命，但是，卜德瑞一家看起来并没有经历我所经历的这些事情，我想大概是因为我们彼此的期望有着天壤之别吧。

“我会宽恕他们吗？不，我不认为我应该去宽恕他们。我并不是在这个问题上自以为是，虽然有点任由自己沉醉于愤怒之中，但是说实话，我真的认为自己不应该宽恕他们，就像我认为纳粹大屠杀中幸存的孩子们不应该宽恕纳粹党一样。同样的道理，在柬埔寨（Cambodia）波尔布特（Pol Pot）体制变革中受难的孩子们也不应该宽恕他们的当局。我认识很多很多的波尔布特受难者，他们只是想继续自己的生活，不过现在我想那些年青的一代人应该不会这么想了。

“对我来说，可能是因为这些事并不是发生在我自己身上，所以我才能任由自己这么想。我想，你脑子里清楚地知道自己可以做什么、不可以做什么，而我的脑子允许我继续保持这些怨恨，我承担得起……但是像大屠杀中的幸存者和卜德瑞一家人选择忘记过去的伤害求生存也是可以理解的。这是一个关于生存的大问题。”

第三十九节 宽恕大餐

世界上最酷的男孩是吹牛老爹（Puff Daddy），不是吗？他可以大声地读出电话簿上的号码，世界各地的女人都会为此尖叫惊叹。

在2007年的时候，吹牛老爹投产了一款全新的“不可原谅女士”香水。这个名字很抢眼，不过它究竟是什么意思呢？我从一个印度人朱厄尔·杰克逊（Jewell Jackson）对吹牛老爹的采访录中找到了答案，朱厄尔是“魅力脸红”网站的美术编辑。同任何一个正常人一样，朱厄尔问吹牛老爹为什么会取了“不可原谅女士”这个香水名，吹牛老爹告诉她：“不可原谅是一件很积极的事情——它体现的是你的自信。我们要坚持不认错，拥有这种自信；做领导者。如果你不去道歉，那么人们就不会原谅你。如果你坚持这种自信，即使你非常与众不同，人们一样会认为你不可原谅。这是你的自大，是你的自信，也是你的态度。”

这段评论跟他高度宣扬的“去你的”个人形象相当吻合，但是我不能说我喜欢他这种鼓励人们在谢尔曼坦克上践踏其他人，而且对受伤者永不道歉的行为。

但是请注意，我可能对他显得有点脾气暴躁，因为我一开始并没有想到那个香水的概念。如果我也生产一款香水，那么很可能取名为“可原谅女士香水”。

今天早上，我突然想到了一个更好的主意：宽恕大餐。到目前为止这还只是个概念性想法，但是我认为它是一个非常吸引人的主题，我一直对这个主题激情满满。大餐，不管好坏，都有可能登上主流杂志和电视上生活方式的栏目，那么为什么不叫“宽恕大餐”呢？这绝对不会比当前正流行的“平坦腹部饮食”和“南部海滩饮食”逊色，而且如果我有幸接受别人的采访，我会从饮食讲到宽恕的重要性，这样能对那些一无所成的人们有所帮助，因为他们知道自己陷入了感情的天人交战地带。

哦，天啊，这是个糟糕的主意，因为我才刚刚想起来我不会做饭。如果那些毫无疑心的读者盲目地根据我的烹调建议操作的话，情况可能会很糟糕。

你知道我为什么反对减肥吗？我有一种坚定的信念，那就是我们这些一直想变得苗条的胖人不应该继续对自己那么苛刻了，我们要抛弃永久减肥的概念。在过胖这个问题上我已经宽恕了自己。我想起一个朋友抱怨的时候觉得很好笑，她叫玛丽塔，她抱怨自己的牛仔裤太紧了，因为她在去意大利度假的时候吃了较多的面食。她对自己的增肥过于自责；当她试图挤进那条 Levis 牌牛仔裤却始终也穿不上时，我们熟悉的那个售货员突然间插话说：“那你就换个大一号的呗！”这是个非常好的主意，可是玛丽塔却很难接受。

听到售货员的那些话确实动摇了我的某些看法。以前，每次当我大快朵颐之后，都对臀部增肥的结果苦恼不已，总想大哭一场；然而现在不会这样了，有什么大不了的呢，就换个大一号的呗。

对自己的体重要求过于苛刻是轻度自我憎恨的典型表现，这种憎恨最终很容易让我们变得精神扭曲。如果我们长期鄙视自己，总是对自己的长相不满，对自己犯下的错误耿耿于怀，那么很明显，我们不大可能对别人宽宏大量，或者充分而完全地去信任和接纳别人。根据我自己的经验来看，到那时，会觉得生活中只剩下一大堆未解决的问题了。

还有另外一种我们经常会陷入内疚泥潭的情况：当我们的行为和愿望与我们从小被灌输的信念相违背时，我们会觉得内疚和自责。我从小就是一名天主教徒，所以，我的很多犹太教徒朋友经常跟我开玩笑，说犹太人的内疚感将永远不会消失，我可是这方面的专家。但是，难道我们不应该让自己快乐地活着，远离内疚和羞愧吗？如果我们对自己要求不那么严格，我们不是可以寻找更好的办法来宽恕那些我们曾经仇恨的人们吗？

谈到宗教，它的确是很吸引人的。让我们去扮演上帝的角色来决定那个冒犯我们的人是否值得我们去原谅，这难道不是一个很好的办法吗？判断的标准是当大灾难发生时，他人是否值得我们去宽恕。

要摆脱过去深深的伤害和不幸，这需要我们的信念做出一个巨大的转变，的确需要很大的勇气，尤其困难的是受害者（不管是我们本人还是我们关心的人）完全无辜的时候。上帝可能说学会容忍，不要反抗，但事实上做起来是非常困难的，也许我们能做的就是相信命运会有更好的安排。如果我们能够先放弃心中蓄谋已久的复仇愿望，那么更好的安排或许就在不远处。

我不是精神病专家，我也没有获得博士学位。我站在这里的唯一资本就是我犯过很多错误，后来弥补了其中的一些。我明白，在憎恨了对方许多年之后，再向他伸出友谊之手是一种多么美好的感觉；此外，对这本书的研究也教会了我很多重要的道理。

如果我们对自己的要求不那么严格，我们不是可以寻找更好的办法来宽恕那些我们曾经仇恨的人们吗？

通过与这么多杰出人士交谈，加上对自己经历的反思，我开始意识到，当我们不再对自己和别人要求苛刻，追求平和时，脑海里便发生了一种可以感知到的变化。如果你认为我说的毫无道理——那就一枪打死我吧；然而，如果我说的是对的，那该是多么好的一件事啊。

告诉你在写这本书的过程中，我发现的一些道理吧！那种建立在对宽恕力量感兴趣基础上的友谊是非常积极而有帮助性的；相反，当建立在别的东西，比如酒精、毒品、犯罪等共同兴趣上的友谊，则有可能让人走向灭亡。

比如说，阿德里安娜•薛本纳，她发生了很大的改变，全然不再是我曾经采访时渴望见到的那个人了。每次我们偶然遇见的时候，多数是在谈论我们每个人身上遗留的消极性，并感叹着我们目前所拥有的美好生活。

当今的网络世界如此发达，如此人性化，那些强调积极的人生信念的书籍和知识是给我们的最宝贵礼物。仅仅是一位智者写的一句话就能帮我们走出困惑，带给我们治愈伤口的灵丹妙药。

阿德里安娜最近借给我大卫•霍金斯（David R. Hawkins）撰写的《穿越意识层》一书。大卫•霍金斯是医学博士，也被称为“对不起医生”。不过，阿德里安娜的观点对我来说相对成熟了些。不过，我觉得自己至少应该有一个地方值得表扬，请允许我再次引用大卫•霍金斯的一句话，希望您不要介意，因为这句话真的是非常精彩。

当一个人心甘情愿地用宽恕来让一个可恶的冒犯者“摆脱了困境”时，其实并不是那个人“摆脱了困境”，而是选择宽恕的人自己“摆脱了困境”。

我喜欢这样的自助书籍，在每一章的末尾，总会用一些富有启发和哲理意义的关键句子来对全章做个总结。非常遗憾的是，我才疏学浅，在这本书中想不出那些多警句妙语来对每章做个总结。为此我向各位说声抱歉，不过我还是会继续自己的业余生活辅导事业。毫无疑问，我无法像奥斯卡·王尔德（Oscar Wilde）那样，能轻而易举地甩出一些让人过目不忘的俏皮话，比如“宽恕你的敌人吧，没有什么比这样更能激怒他们”。可恶，我怎么就想不出这么好的句子呢?

关于宽恕，我想将其简单地归纳为以下十点：

（1）人类是生而就被祝福的（这点归功于坎迪斯·波特博士）。

（2）报复的感觉并不总是像人们想象中的那么好。

（3）如果你想不起为什么要憎恨某个人，那么是时候给他们“出狱”证明了。

（4）毫无疑问，世界上最难对付的事情之一就是，在上普拉提课程时，你旁边那个家伙在做恼人的瑜伽呼吸运动，声音简直太吵了。今天早上我着实感到要疯掉了，因为有个新来的学员对此感到很恼火，他恰好站在我的旁边。说真的，如果他能往后一点点，站在那两个不断聒噪的女人旁边会让他死掉吗？我有一股冲动，想用水壶砸向他。不过，我意识到我不会再对这种事怀恨在心了。我努力地做了几个深呼吸，默默地祝福旁边这个兄弟，想着他本人也并没有做错什么，我心里便慢慢地平和了下来。如果像我这么一个大器晚成的人都可以做到不去苛责他人，而只是反省自己的话，那么对你们这些聪明的家伙来说，更是小菜一碟了。

（5）如果你因为相信一个人的所作所为，而去憎恨他们的话，很可能事实就完全不是那么一回事了。那么，孰是孰非呢？也许他们是对的，或者两个都不对。不管怎么样，在可能是你错了的情况下，宽恕他人是一个很聪明的选择。

（6）如果你长期对别人充满恶意，乐此不疲地憎恨那个人，最终会给你带来不好的影响，容易让你变老。这也意味着你在对待生活中美好的事物，比如关爱、笑容和完美结局的时候，会显得精力不足。

（7）脸皮薄的人相对来说更容易生气和斤斤计较，所以诀窍就是改掉这个不好的行为。假装自己脸皮很厚，也许你很快就掌握了这个小窍门了呢。

（8）活在当下。事情就是这样——即使有再多的祝福，也不能抹去那天你伤害了一个朋友，或者他们让你伤心的事实。现在，让我们开开心心地活着，当你宽恕了别人之后，你就是那个收到礼物的人。

（9）（如果可以的话）宽恕每一个人，如果你试图向别人抛出橄榄枝的时候，被人砰的一声关在门外，那你又在乎什么呢？比起你一直带着愤怒来生活，这还是会让你好受得多。

（10）不要在等待太久后，才去宽恕他人。

附录：我知道我只说了十条建议，不过我又想起了另外一条，这条相当重要，那就是：与其他人相比，那些长得好看的人们的罪行更容易得到别人的宽恕。我们都知道这一点，不过我只是想说，在生活中能占到这些便宜并不是他们的错，那么也许我们应该给他们一个改过的机会。